cocon

MIRKO REEH
LECKER VEGETARISCH

Gestaltung:
Manfred Nachtigal

Cocon Verlag Hanau
In den Türkischen Gärten 13
63450 Hanau
www.cocon-verlag.de
ISBN 978-3-86314-231-5

DER FERNSEHKOCH
MIRKO REEH
LECKER
vegetarisch

cocon

LIEBE GOURMETS,

schon lange habe ich über ein Kochbuch nachgedacht, in dem leckere und ausgefallene Rezepte ohne Fleisch und Fisch zu finden sind, die zum Nachkochen einladen.

Alle Rezepte, die ich hier zusammen getragen habe, sollen die geschmacklichen Besonderheiten und die unglaubliche Vielfalt der vegetarischen Küche zur Geltung bringen. Die Stars sind die Produkte, denn was gibt es Schöneres als mit guten Lebensmitteln zu kochen und ihre unnachahmlichen Aromen auf der Zunge zu spüren. Da braucht es keine Ersatzstoffe, denn jede Jahreszeit hält ihre ganz besonderen Schätze für uns bereit. Aus Überzeugung habe ich alle Rezepte so zusammen gestellt und aufgeschrieben, dass auch Ungeübte damit klar kommen. Eine kleine Skala zeigt den Schwierigkeitsgrad auf einen Blick. Ob leicht, mittel oder anspruchsvoller - das kann man so schnell heraus finden. Zu schaffen sind alle Gerichte, das verspreche ich Ihnen!

Mit meinem ersten vegetarischen Kochbuch möchte ich Sie auf eine Genussreise durch eine aufregende Küche führen, die schmackhaft, ausgefallen und noch dazu interessant zu präsentieren ist.

Ich wünsche Ihnen viel Spaß beim Ausprobieren und Genießen!

Herzlichst Ihr

Mirko Reeh

Inhalt | 7

BASICS

Gemüsefond   12

Schaumsaucen   15

Béchamel-Sauce   16

Braune vegetarische Sauce   16

Frischkäse & Quark   19

Cremesuppen   21

30 Brot Basics   22

Eingelegtes Gemüse   27

Klassische Pestos   31

SUPPEN SALATE

Asiatisches Zucchinisüppchen   34

Rote-Bete-Suppe mit Champagnercreme   36

Mango-Chili-Suppe   39

Süppchen vom gebackenen Kürbis   40

Avocado-Mango-Salat mit Walnüssen   43

Chicorée-Kartoffel-Salat   44

Rübensalat mit Pesto und Erbsenpüree   47

Marinierte Melone mit Feta   48

Gebackener Handkäs' mit Gurken-Dill-Salat   51

Gemüsesalat   53

Frittiertes Sesam-Ei mit süß-saurer Marinade   54

Caprese von Büffelmozzarella mit Orangen-Sommer-Salat mit Dill-Senf-Dressing   56

Mediterraner Reissalat   58

Chicorée-Orangen-Salat   61

Rote-Bete-Avocado-Salat   62

Parmesaneis mit Balsamico-Caramell   65

HAUPTSPEISEN SNACKS

Mallorquinisches Tomatenbrot & Aioli   68

Zucchini-Kartoffel-Küchlein mit scharfem Joghurt   70

Papas Arrugadas con Mojo Picón – Runzelkartoffeln mit scharfer Paprikasauce   72

Tagliatelle-Törtchen   75

Gebackener Schafskäse auf Rucola mit warmem Paprikadressing   76

Spinat-Kartoffel-Samosas mit scharfem Joghurt   79

Risottobällchen   80

Minipizza mit Feigen und Ziegenkäse   82

Handkäs-Carpaccio auf Schmand-Salsa   85

Spanische Tortilla mit Gemüse   86

Kohlroulade auf Peperonata   89

Kichererbsencurry   90

Gebackene Paprika mit Couscous   92

Spargel auf Rucola mit parmesierter Tomatensauce   94

Torta de Hoja – Würziger Blechkuchen   96

Semmelknödel mit Pilzrahmsauce   100

Ricotta-Parmesan-Törtchen im lila Nudelnest mit Safranschaum   102

Pasta mit Pilzen   104

Spaghetti mit Zucchini und Safran   106

Rote-Bete-Risotto   109

Risotto im Strudelteig auf gebratenem Ziegenkäse   110

Kürbisrisotto mit Salbei und Kapern   112

Auberginenröllchen mit Couscous-Salat   114

Falafel mit Tzatziki   116

NACHSPEISEN KUCHEN

Windbeutel mit Beeren und Vanillecreme   120

Crema Catalana   123

Gebackene Erdbeeren mit Mascarpone   124

Apfel-Tiramisu   126

Türmchen von Mandelplätzchen und Wildbeeren   128

Sorbet von Sommerfrüchten   130

Rum-Karottenküchlein mit Honig-Zimt-Eis   132

Rioja-Sorbet und eingelegte Pfirsiche   134

Blaubeereis mit Beignets Mardi Gras   136

Himbeer-Chili-Eis auf Mango-Ingwer-Püree   138

Avocado-Eis mit gebackenem Pfirsich   141

Bananenküchlein mit Maiseis   142

Schokoladen-Trüffel-Küchlein   144

Buttermilchwaffeln   146

Mirkos bunte Muffins   149

Kirschen-Pfirsich-Tarte   150

Frühlingsstollen aus dem Glas   152

Gebackener Bratapfel-Schmandkuchen   155

Klassischer Apfelstrudel   156

Australische Lamingtons   158

Los geht's!

Der Erfolg eines Kochs hängt ganz entscheidend von den Basics ab. Wer die Grundrezepte nicht beherrscht, kann gleich einpacken.

Unverzichtbar ist für mich ein guter Gemüsefonds. Wichtig ist ein schmackhaftes Brot, sind leckere Käsemischungen und natürlich ordentliche Saucen. Damit das Buch nicht unendlich dick wird, beschränke ich mich hier auf die wesentlichen Dinge.
Ebenso wichtig ist es, gute Grundprodukte einzukaufen, und da zitiere ich gerne einen meiner Kochkollegen: „Nur wo was Gutes rein kommt, holt man auch was Gutes wieder raus."

Gut muss auch nicht gleich teuer sein. Es müssen nicht mitten im Winter Erdbeeren von fernen Kontinenten sein. Wir haben hierzulande in jeder Saison tolles Obst und Gemüse, damit kann man ohne Probleme auskommen. Und günstiger ist es auch noch.
Schauen Sie ruhig auch mal auf den Markt! Das Gerücht, dass es dort immer teurer wäre, stimmt heute nicht mehr. Ich kaufe all mein Gemüse tagesfrisch auf Frankfurts Märkten und habe immer ein prima Preis-Leistungsverhältnis.

Wer einen Garten hat, kann Obst und Gemüse selbst anbauen und nach der Ernte einfrieren oder einwecken. Das hat man früher schon so gemacht und war glücklich damit – warum sollte das heute nicht mehr gelten?

BASICS

Die Basisrezepte sind das A und O meiner Küche. Wichtig ist für mich, dass die Rezepte einfach nachzukochen sind. Großen Wert lege ich darauf, bei jedem Grundrezept aus mehreren Varianten wählen zu können, was man deutlich bei den Schaumsoßen-, Brot- und Frischkäserezepten sieht.

Da immer mehr junge Leute nicht mehr von ihren Eltern und Großeltern gezeigt bekommen, wie man kocht, droht über Generationen vererbtes Küchen-Know-How verloren zu gehen. Wer weiß heute noch, wie man Brot backt, Frischkäse anrührt oder ´ne gute, einfache Suppe auf den Tisch bringt?

Aber lesen Sie selbst! Das Ausprobieren wird Ihnen Spaß machen.

GEMÜSEFOND

Für 3 Liter Fond | Zubereitungszeit: ca. 90 Minuten | Schwierigkeitsgrad:

Zutaten

2 Karotten
1 Stange Lauch
2 Zwiebeln mit Schale
300 g Knollensellerie
1 Bund glatte oder krause Petersilie
3 Lorbeerblätter
5 g Pfefferkörner
200 ml trockenen Weißwein
3 EL neutrales Öl
sowie 3 l Wasser

Ein Fond ist die Basis jeder Küche. Selbstgemacht ist er immer noch am besten, denn hier weiß ich genau, was drin ist. Auf Geschmacksverstärker, Farbstoffe und dergleichen können wir gut verzichten.

Der Fond kann auch ohne Alkohol hergestellt werden. Allerdings schmeckt es besser mit einem trockenen Weißwein.

Zubereitung

1 Öl in einem großen Topf erhitzen. Karotten, Lauch, Zwiebeln, Sellerie und Petersilie grob schneiden und im Öl anbraten.
2 Sobald das Gemüse leicht gebräunt ist, mit dem Weißwein ablöschen und aufkochen. Mindestens zwei Minuten auf hoher Stufe kochen lassen, damit der Alkohol verfliegt.
3 Das Wasser hinzugeben und ohne Deckel 60 Minuten köcheln lassen.
4 Den Fond durch ein Sieb abgießen und in einer Schüssel auffangen.
Um ihn haltbar zu machen, kann der Fond eingeweckt oder eingefroren werden.

Fond oder Suppe klären

1 Wenn Fonds oder Suppen Trübstoffe aufweisen, können diese geklärt werden, indem wir sie nach dem Kochen auf unter 70 Grad abkühlen lassen.
2 Drei Eiweiß je Liter Flüssigkeit aufschlagen und mit dem Schneebesen kräftig in den Fond oder die Suppe einrühren. Unter ständigem Weiterrühren zum Sieden bringen.
3 Diesen Vorgang zweimal wiederholen. Das Eiweiß setzt sich als schmutziger Schaum ab. Dann durch ein Tuch passieren. Sollten noch Trübstoffe vorhanden sein, den Vorgang ein weiteres Mal wiederholen.

SCHAUMSAUCEN

Für 250 ml Sauce | Zubereitungszeit: ca. 15 Minuten | Schwierigkeitsgrad: ●●

Zutaten Basis-Weißweinschaum

½ Schalotte
125 ml trockener Weißwein
oder 125 ml Gemüsefond
1 Lorbeerblatt
2–3 Pfefferkörner
175 ml Sahne
30 g Butter zum Anbraten
50 g Butter zum Aufschäumen

Zum Aromatisieren

Rucola-Schaum
100 g Rucola

Parmesan-Schaum
100 g Parmesan

Safran-Schaum
0,2 g Safran

Grüne-Soße-Schaum
100 g Grüne-Soße-Kräuter

Rote-Bete-Schaum
50 ml Rote-Bete-Saft

Curry-Schaum
¼ TL Thai Currypaste
1 TL Currypulver
2 Stängel Zitronengras

Bärlauch-Schaum
100 g Bärlauch

Meerrettich-Schaum
50 g geriebener Meerrettich

Trüffel-Schaum
6 EL Trüffelbutter
oder 6 EL Trüffelöl

Basilikum-Schaum
100 g Basilikum

Paprika-Schaum
100 g rote Paprikastücke

Gorgonzola-Schaum
100 g Gorgonzola

Muskatnussblüten-Schaum
5 g zerstoßene Muskatnussblüte

Limetten-Schaum
2 Limetten, deren Saft und Schale
1 Prise Zucker

Orangen-Schaum
100 ml Orangensaft, eingekocht auf 30 ml

Zubereitung

1 Schalotten würfeln, mit dem Weißwein, dem Lorbeerblatt und etwas Pfeffer köcheln und auf die Hälfte reduzieren. Dann die Sahne hinzugeben und noch etwas einkochen lassen.

2 Nun können die Zutaten hinzugegeben werden, wenn Sie die Saucen aromatisieren wollen. Die Zutaten zusammen mit der Sauce sehr fein pürieren.

3 Sauce durch ein Passiersieb geben und auffangen. Mit Salz und Pfeffer abschmecken und warm halten.

4 Kurz vor dem Servieren die Sauce mit der kalten Butter und einem Pürierstab aufschlagen, bis sie dicklich schaumig ist.

Der Schaum hält nur für kurze Zeit, lässt sich aber immer wieder aufschäumen.

In der gehobenen Gastronomie, gibt es fast immer Schäumchen. Nicht nur weil es schön aussieht, durch die Konzentration des Schaums hat man immer einen intensiven Geschmack. Ich habe Ihnen viele Beispiele herausgesucht, damit sie variieren können.

BÉCHAMEL-SAUCE

Für 250 ml Sauce | Zubereitungszeit: ca. 15 Minuten | Schwierigkeitsgrad: ●○○

Zutaten
3 EL Butter
2 EL Mehl
250 ml Milch
Muskat
Salz & Pfeffer

Variante
4 Orangen

Zubereitung
1 Die Butter zerlassen, das Mehl hinzugeben und gut verrühren, bis alles dicklich wird.
2 Mit der Milch aufgießen, danach etwa 10 Minuten lang köcheln lassen. Nach Belieben und Geschmack mit Salz, Pfeffer und Muskat würzen.

Variante
Orangen auspressen und den Saft in einem Topf dicklich einkochen. Die Orangenreduktion in die fertige Béchamel-Sauce einrühren.

BRAUNE VEGETARISCHE SAUCE

Für 1 Liter Sauce | Zubereitungszeit: ca. 60 Minuten | Schwierigkeitsgrad: ●●○

Zutaten
2 Zwiebeln
6 EL Butter
4 EL Mehl
1 l Gemüsefond (→ S.12)
2 EL Balsamico
Pfeffer & Salz

Zubereitung
1 Die Zwiebeln in der Butter anbraten, dann das Mehl zugeben und weitere 5–10 Minuten garen, bis Mehl und Zwiebeln nussbraun sind.
2 Weiter braten, bis die Zwiebeln weich und breiig sind, danach den Gemüsefond einrühren. Zum Kochen bringen und 10 Minuten köcheln lassen.
3 Die Sauce durch ein Haarsieb in einen Topf abseihen, Balsamico zugeben und mit Salz und Pfeffer abschmecken.

FRISCHKÄSE & QUARK

Für ca. 250 g Frischkäse | Zubereitungszeit: je Frischkäse 15 Minuten
Schwierigkeitsgrad: ●○○

Zutaten Basic
200 g Frischkäse oder Quark
50 g Joghurt
1 EL neutrales Öl
Salz & Pfeffer

Zutaten Varianten
Wasabi/Limone
Schale von 1 Limone
Saft von ½ Limone
½ TL Wasabi

Feige, Zimt Chili
4 getrocknete Feigen
Prise Zimt
Prise Chili

Pflaume/Koriander
6 getrocknete Pflaumen
1 TL fein gemahlene Korianderkörner
1 Prise Chili

Mojo
½ eingelegte Paprika fein püriert
1 Prise Chili
1 Knoblauchzehe, gerieben
etwas Paniermehl

India
2 EL Honig
1 EL Garam Masala
1 TL frisch gehackter Koriander

Gemüse
50 g fein geschnittenes und kurz gebratenes Gemüse der Saison

Caprese
50 g getrocknete Tomaten
20 g Basilikum
50 g Mozzarella

Zubereitung
1 Frischkäse mit dem Joghurt und dem Öl cremig rühren.
2 Je nach Variante die Zutaten hinzufügen und mit Salz und Pfeffer abschmecken.

Tipp: Wenn alle Zutaten durch den Fleischwolf getrieben werden, wird die Masse sehr gleichmäßig und cremiger.

Basics – Grundlagen für alle Fälle | 21

CREMESUPPEN

Für 1,5 Liter Suppe | Zubereitungszeit: ca. 45 Minuten | Schwierigkeitsgrad: ●○○

Zutaten

1 kg Gemüse oder Kohl
(z.B. Brokkoli, Zucchini,
Blumenkohl, Kohlrabi)
3 Schalotten
100 g Butter
125 ml Weißwein
125 ml Noilly Prat (Wermut)
1 l Gemüsefond (→ S.12)
500 ml Sahne
2–3 EL Stärke
Salz, Pfeffer & Muskatnuss

Zubereitung

1 Schalotten klein schneiden und mit der Hälfte der Butter gut anbraten. Gemüse klein schneiden, hinzugeben und ca. 10 Minuten mitbraten.
2 Mit dem Weißwein und dem Noilly Prat aufgießen, ca. 10 Minuten leicht köcheln lassen.
3 Gemüsefond hinzugeben und auf etwa die Hälfte einkochen lassen. Danach kräftig würzen und mit der Stärke binden.
4 Pürieren und durch ein Sieb geben. Sahne steif schlagen und vorsichtig in die Suppe einrühren. Mit Pfeffer und Salz abschmecken.

Cremesuppen lassen sich herrlich variieren. Man kann das Gemüse mischen oder sortenrein lassen. Auch mit den Gewürzen lässt sich spielen. Nehmen Sie Curry oder Raz el Hanout und geben Sie der Suppe einen orientalischen Touch! Oder verwenden Sie einfach Kokosmilch anstelle der geschlagenen Sahne.

30 BROT BASICS

Für 1 Brot oder 10 bis 12 Brötchen | Zubereitungszeit: ca. 60 Minuten
Schwierigkeitsgrad: ●●

Zutaten Grundteig
42 g frische Hefe (2 Klötzchen)
700 g Mehl
400 ml lauwarmes Wasser
1 TL Salz

Unser Klassiker in der Kochschule. Ein gutes Brot gehört einfach dazu. Und mit den vielen Varianten wird es einem auch nicht langweilig.

Zutaten Varianten

Kräuter der Provence
6 EL Kräuter der Provence
50 g Gruyère
50 g getrocknete Tomaten

Toskanisches Brot
100 g getrocknete Tomaten
50 g Pinienkerne
1 EL Honig
1 TL Rosmarin
1 EL frisches Basilikum

Basilikum
50 g Basilikumblätter, mit 8 EL Wasser fein püriert
50 g Parmesan
50 g getrocknete Tomaten

Walnuss
100 g Walnusskerne
50 g getrocknete Feigen
1 TL Rosmarin
1 EL Honig

Curry & Ingwer
50 g kandierter Ingwer
2 EL Sesam
1 TL Koriander
1 EL Curry
1 EL Honig

Joghurt-Frischkäse
50 g Joghurt
50 g Frischkäse
1 EL Petersilie
1 EL Dill
1 EL Paprikapulver
1 TL gem. Kreuzkümmel

Karotte & Olive
200 g Karotten
100 g entsteinte Oliven
1 EL frisch gehackter Rosmarin

Papaya & Trüffel
30 g geriebener schwarzer Trüffel
4 EL Trüffelöl
80 g getrocknete Papaya

Ziegenkäse & Olive
50 g getrocknete Feigen
100 g Ziegenkäse
50 g entsteinte Oliven
1 EL Honig
3 EL Kräuter der Provence

Zwiebel & Nuss
100 g gemischte Nüsse
50 g geröstete Zwiebeln
1 TL getrocknete Kräuter
1 EL Honig

Jalapenos
100 g Jalapenos
50 g Gouda
2 EL Honig
1 EL Olivenöl
50 g rote Paprika

Kürbis
100 g Kürbis aus dem Glas
1 EL Paprika, edelsüß
1 Prise Muskatnuss
1 EL getrockneter Oregano

Rucola
125 g Rucola
10 getrocknete Tomaten
50 g geriebener Parmesan
1 EL Honig

Parmesan
100 g geriebener Parmesan
50 g Parmesanstückchen
2 EL Crema di Balsamico
3 EL glatte Petersilie

Kürbiskernbrot
100 g Kürbiskerne
Kürbiskernöl (statt Olivenöl)
50 g geriebener Käse

Feigen-Ingwer-Chili-Brot
6 getrocknete Feigen
50 g kandierter Ingwer
1 Prise Chili
2 EL Frischkäse

Zwiebel- & Kräuterbrot
100 g geröstete Zwiebeln
3 EL getrocknete Kräuter
100 g geriebener Käse

Koriander & Sesam
50 g frischer Koriander
2 EL Korianderkörner
50 g Sesam, geröstet
2 EL Honig
1 Chilischote, gehackt

Maisbrot
600 g Dosenmais
50 g getrocknete Tomaten
1 EL getrocknete Kräuter

Ziegenkäse & Raz el Hanout
200 g Ziegenkäse
2 EL Raz el Hanout
2 EL Orient-Curry
1 Bund glatte Petersilie

Thaibrot
1 EL gehackter Koriander
100 g gehackte Erdnüsse
1 EL rote Currypaste
1 EL Honig

Grüne-Soße-Brot
1 Packung Grüne Soße, fein gehackt
1 TL Kümmel
2 EL Öl

Wasabi & Koriander
1 EL gehackter Koriander
1 EL Korianderkörner, zerstoßen
1 EL Wasabipaste
2 EL Honig

Knoblauch & Käse
2 Zehen Knoblauch
200 g geriebener Cheddar oder Gouda
2 EL Kräuter der Provence

Gorgonzola
100 g Gorgonzola in Würfeln
2 EL getrocknete Kräuter

Dill & Senf
2 EL Senf
1 Bund fein geschnittener Dill

Kartoffeln & getrocknete Tomaten
100 g gekochte Kartoffeln
50 g fein geschnittene getrocknete Tomaten
2 EL getrocknete Kräuter

Gemüse
50 g gewürfelte Paprika
50 g gewürfelte Zucchini
50 g gewürfelte Karotten
50 g gewürfelter Gouda
2 EL getrocknete Kräuter

Karotte-Kürbiskern
200 g fein geriebene Karotten
100 g zerstoßene Kürbiskerne
2 EL Kürbiskernöl

Rote-Bete-Brot
Statt des Wassers wird 400 ml Rote-Bete-Saft genommen.
300 g gekochte Rote Bete in Würfeln
50 g Walnüsse
2 TL Fenchelsamen
1 TL geriebener Ingwer

Zubereitung

1 Zutaten für die jeweilige Variante klein schneiden und hacken.

2 Für den Grundteig die Hefe im lauwarmen Wasser auflösen, unter das Mehl heben und gut verkneten.

3 Alle Varianten-Zutaten hinzugeben und nochmals sehr gut verkneten. Den Brotteig ausrollen oder zu Brötchen formen und auf ein Backblech mit Backpapier oder Silikonmatte geben.

4 30 Minuten bei 50 Grad Umluft ruhen lassen.

5 Backofen auf 180 Grad aufheizen und ca. 40 bis 45 Minuten backen.

EINGELEGTES GEMÜSE

Für 4 Personen | Zubereitungszeit: ca. 90 Minuten | Schwierigkeitsgrad: ●●●

Sie können praktisch jedes Gemüse einlegen. Dabei ist zu beachten, dass harte Gemüsearten vorher gekocht und die weicheren kurz angebraten werden. Experimentieren Sie! Mischen Sie verschiedene Essige und Öle, geben Sie nach Lust und Laune Kräuter dazu. Den Möglichkeiten sind keine Grenzen gesetzt.

Zutaten Zucchini oder Aubergine

800 g Zucchini oder Aubergine
4 Knoblauchzehen
5 El Minzbätter
125 ml Olivenöl
4 EL weißer Balsamico
1 kl. getrocknete Chilischote
Salz & Pfeffer

Zutaten Paprika

1 rote Paprika
1 grüne Paprika
1 gelbe Paprika
2 Knoblauchzehen
einige Zweige Thymian
30 ml dunkler Balsamico
80 ml Olivenöl
Salz & Pfeffer

Zutaten Perlzwiebeln

400 g frische Perlzwiebeln
1 Knoblauchzehe
2 Essiggurken
4 EL dunkler Balsamico
80 ml Olivenöl
Salz & Pfeffer

Zutaten Peperoni

500 g frische bunte Peperoni
2 Knoblauchzehen
einige Zweige Rosmarin
30 ml dunkler Balsamico
60 ml Olivenöl
Salz & Pfeffer

Zubereitung Zucchini oder Aubergine

1 Die Zucchini oder Aubergine waschen, säubern und in gleichmäßige Scheiben schneiden.
3 In einer Pfanne oder auf einem Grill portionsweise Zucchini oder Auberginen mit Olivenöl anbraten. Danach mit Salz und etwas Pfeffer würzen.
4 Fertig gebratene Zucchini oder Aubergine in eine Schüssel geben und mit den restlichen Zutaten mischen. Den Knoblauch und die Minzeblätter fein hacken und ebenfalls hinzugeben. Zum Schluss mit Olivenöl beträufeln und mit Pfeffer und Salz nachwürzen.
5 Ca. 1 Stunde im Kühlschrank marinieren.

Zubereitung Perlzwiebeln

1 Die Perlzwiebeln mit dem Knoblauch in einer Pfanne mit etwas Öl ca. 3 bis 5 Minuten anbraten.
2 Den Gemüsefond angießen und bei kleiner Hitze 20 Minuten schmoren.
3 Abtropfen lassen und die restlichen Zutaten dazugeben. Mit Pfeffer und Salz abschmecken.

Zubereitung Paprika

1 Die Paprika in grobe Stück schneiden, von Kernen und Rippen befreien, mit einem Sparschäler die Haut von der Paprika abziehen und im vorgeheizten Backofen bei 200 Grad 20 Minuten backen.
2 Die Schotenhälften in große Stücke schneiden und in eine Schüssel geben.
3 Den Knoblauch sehr fein hacken und mit dem gezupften Thymian, dem Balsamico und dem Olivenöl zu den Paprika geben.
4 Mit Pfeffer und Salz würzen. 30 Minuten ziehen lassen.

Zubereitung Peperoni

1 Die Peperoni mit etwas Olivenöl in einer Pfanne wenige Minuten braten. Danach längs aufschneiden und die Kerne und den weißen Strunk entfernen.
2 Die Schoten mit dem frisch gehackten Knoblauch, dem gezupften Rosmarin, dem Balsamico und dem Olivenöl in eine Schüssel geben.
3 Mit Pfeffer und Salz würzen. 30 Minuten ziehen lassen.

KLASSISCHE PESTOS

Für 4 Personen | Zubereitungszeit: ca. 10 Minuten | Schwierigkeitsgrad: ●○○

Zutaten Walnuss-Pesto
50 g Basilikum
50 g Pecorino
30 g Walnüsse
100 ml Olivenöl

Zutaten Grüne-Soße-Pesto
80 g Grüne-Soße-Kräuter
50 g Parmesan
30 g Walnüsse
80 ml Olivenöl

Zutaten Rucola-Tomaten-Pesto
125 g Rucola
10 getrocknete Tomaten
50 g Cashewnusskerne
1 Schalotte
60 g frischer Parmesan
100 ml Olivenöl

Zutaten Oliven-Pesto
100 g Oliven entkernt
200 ml Olivenöl
3 Knoblauchzehen
60 g Parmesan

Zutaten Petersilien-Pesto
100 g gewaschene und gezupfte Petersilie
1 Stängel Zitronengras
1 Schalotte
½ Bund Schnittlauch
1 EL Erdnüsse, ungesalzen
½ Knoblauchzehe
1 TL Senf
100 ml Sonnenblumenöl

Zutaten Basilikum-Pesto
200 g Basilikumblätter
50 g Pinienkerne
80 g frischer Parmesan
200 ml Olivenöl
1 Zitrone, deren Saft und Schale

Zubereitung Pesto
1 Nüsse oder Kerne zunächst trocken rösten.
2 Alle Zutaten für das Pesto in einen hohen Pürierbecher geben und fein pürieren.
3 Abschmecken mit Salz und Pfeffer.

SUPPEN & SALATE

Lecker und nicht so schwer, so sollten Salate sein. Bei den Suppen darf es dagegen auch mal ein bisschen deftiger sein.
Und wenn es nach meiner Mutter oder meiner Oma geht, muss eine Suppe einen Tag stehen und noch mal aufgekocht werden, dann schmeckt sie am besten.

ASIATISCHES ZUCCHINISÜPPCHEN

Für 4 Personen | Zubereitungszeit: ca. 25 Minuten | Schwierigkeitsgrad: ●●

Zutaten

4 Stangen Zitronengras
3 Schalotten
1 Stück Ingwerwurzel
1 kleine Chilischote
600 g Zucchini
100 g Butter
125 ml Weißwein
125 ml Noilly Prat (Wermut)
1 l Gemüsefond (→ S.12)
500 ml Sahne
2–3 EL Stärke
Salz & Pfeffer

Zubereitung

1 Schalotten, Zitronengras, Ingwer sowie die Chilischote fein schneiden. Mit der Hälfte der Butter gut anbraten. Zucchini klein schneiden, hinzugeben und ca. 10 Minuten braten.

2 Mit dem Weißwein und dem Noilly Prat aufgießen, ca. 10 Minuten leicht köcheln lassen.

3 Gemüsefond hinzugeben und alles auf etwa 800 ml einkochen lassen. Danach kräftig würzen und mit der Stärke binden.

4 Pürieren und durch ein Sieb geben.

5 Sahne steif schlagen und vorsichtig in die Suppe einrühren.

ROTE-BETE-SUPPE MIT CHAMPAGNERCREME

Für 4 Personen | Zubereitungszeit: ca. 30 Minuten | Schwierigkeitsgrad: ●●●

Zutaten

500 g gekochte Rote Bete
1 l Gemüsefond (→ S.12)
3 Frühlingszwiebeln
8 EL fein geriebener Parmesan
1 TL Zitronensaft
3 EL Olivenöl
150 g Crème Fraîche
8 EL Champagner

Zubereitung

1 Rote Bete klein schneiden und mit etwas Olivenöl leicht anbraten.

2 Mit dem Fond ablöschen und so lange kochen, bis die Gemüsewürfel weich sind, dann sehr fein pürieren.

3 Die Frühlingszwiebeln fein schneiden und mit 6 EL Parmesan sowie dem Zitronensaft in die Rote-Bete-Suppe geben. Mit Salz und Pfeffer würzen.

4 Für die Champagner-Creme die Crème Fraîche glatt rühren, den Champagner unterheben und mit etwas Salz und Pfeffer würzen.

5 Die Suppe in tiefe Teller geben und mit einem Klecks Champagner-Creme garnieren. Mit etwas frischem Pfeffer und dem restlichen Parmesan bestreuen.

MANGO-CHILI-SUPPE

Für 4 Personen | Zubereitungszeit: ca. 20 Minuten | Schwierigkeitsgrad: ●●●

Zutaten

1 Zwiebel
1 TL Kreuzkümmel
2 Stangen Zitronengras
1 EL gehackter Ingwer
1 kleine Chilischote
2 Mangos
½ TL brauner Zucker
1 Limette
300 ml Gemüsefond (→ S.12)
3 EL Cashewnüsse
1 EL Zucker
1 EL Butter
Pfeffer & Salz

Zubereitung

1 Den Kreuzkümmel im trockenen Topf anrösten. Danach Butter dazugeben.

2 Zwiebeln, Ingwer, entkernte Chilischote und Zitronengras sehr fein schneiden und anschwitzen. Den braunen Zucker dazugeben und alles karamellisieren.

3 Mango schälen und klein schneiden und mit in den Topf geben. Kurz mitbraten und danach den Gemüsefond aufgießen.

4 Die Suppe gut durchkochen lassen, dann fein pürieren und durch ein Haarsieb streichen. Die Suppe mit der Schale und dem Saft der Limette sowie Zucker, Salz und Pfeffer abschmecken.

5 Die Cashewnüsse grob hacken und trocken anrösten. Der Suppe vor dem Servieren mit den Nüssen bestreuen.

SÜPPCHEN VOM GEBACKENEN KÜRBIS

Für 4 Personen | Zubereitungszeit: ca. 20 Minuten | Garzeit: ca. 45 Minuten
Schwierigkeitsgrad: ●●○

Zutaten

2 mittelgroße Hokkaido-Kürbisse (insgesamt ca. 1,6 kg)
400 g Kokosmilch
1 l Gemüsefond (→ S.12)
1 TL Paprika
1 Msp. Muskat
½ TL Kreuzkümmel
Salz & Pfeffer

Zubereitung

1 Die Kürbisse in der Mitte teilen und das Innere aushöhlen.
2 Kürbis mit der Schnittfläche auf ein Backblech legen und im vorgeheizten Backofen bei 180 Grad Umluft (200 Grad Ober-/Unterhitze) 45 Minuten garen. Nach dem Garen etwas auskühlen lassen und in kleine Stücke schneiden.
3 Ewas Öl in einem hohen Topf erhitzen, den gebackenen Kürbis hineingeben und leicht anbraten.
4 Mit dem Gemüsefond aufgießen und etwa 10 Minuten auf hoher Stufe kochen.
5 Die Kokosmilch hinzufügen und mit Salz, Pfeffer, Paprikapulver, Muskat und Kreuzkümmel würzen und aromatisieren. Danach sehr fein pürieren.

AVOCADO-MANGO-SALAT MIT WALNÜSSEN

Für 4 Personen | Zubereitungszeit: ca. 15 Minuten | Schwierigkeitsgrad:

Zutaten
2 Avocados
2 Mangos
200 g Rucola
2 Stängel Koriander
1 EL Honig
6 EL heller Balsamico
6 EL neutrales Öl
100 g Walnüsse
Salz & Pfeffer

Zubereitung

1 Avocados und Mangos schälen und halbieren, bzw. den Kern entfernen. Avocado und Mango in kleine Scheiben oder Würfel schneiden. Dann vorsichtig mit dem Rucola vermengen.

2 Koriander fein hacken und mit dem Honig und dem Essig vermengen. Mit Pfeffer und Salz abschmecken, vorsichtig unterheben.

3 Die Walnüsse leicht zerdrücken und in einer Pfanne trocken rösten, dann über den Salat geben.

CHICORÉE-KARTOFFEL-SALAT

Für 4 Personen | Zubereitungszeit: ca. 30 Minuten | Schwierigkeitsgrad: ●○○

Zutaten
300 g festkochende Kartoffeln
3 Frühlingszwiebeln
2 Chicoréeköpfe

Dressing
100 g leichte Mayonnaise
1 EL Honig
1 EL Senf
2 EL gehackte Petersilie
3 EL neutrales Öl
2 EL heller Essig
Muskatnuss
Pfeffer & Salz

Zubereitung
1 Die Kartoffeln garkochen und danach am besten über Nacht auskühlen lassen.
2 Kartoffeln schälen, dann in Scheiben oder in Würfel schneiden. Die restlichen Zutaten in Ringe oder in Würfel schneiden, dann alles miteinander vermengen.
3 Die Zutaten für das Dressing in einen Pürierbecher geben und fein pürieren. Abschmecken mit Pfeffer und Salz sowie Muskat.

RÜBENSALAT MIT PESTO UND ERBSENPÜREE

Für 4 Personen | Zubereitungszeit: ca. 40 Minuten | Schwierigkeitsgrad: ●●●

Zutaten Salat
300 g Rote Bete
300 g Zuckerrüben (Gelbe Rüben)
½ rote Paprika
½ gelbe Paprika

Zutaten Erbsenpüree
100 g Tiefkühl-Erbsen
50 g Frischkäse
2 Stängel frischer Koriander
Pfeffer & Salz

Zutaten Pesto
100 g gezupfte Petersilie
1 Stängel Zitronengras
1 Schalotte
½ Bund Schnittlauch
1 EL Erdnüsse, ungesalzen
½ Knoblauchzehe
1 TL Senf
100 ml Sonnenblumenöl

Zubereitung Salat
1 Die Zuckerrüben schälen, dann in Scheiben schneiden. Rote Bete und Zuckerrüben getrennt garkochen und auskühlen lassen.
2 Die Paprika in grobe Würfel schneiden und kräftig anbraten.

Zubereitung Erbsenpüree
Die Erbsen auftauen und mit etwas Öl anbraten, hierzu den zuvor fein geschnittenen Koriander geben. Das Ganze fein pürieren. Die Masse abkühlen lassen und unter den Frischkäse rühren.

Zubereitung Pesto
Nüsse zunächst trocken rösten. Alle Zutaten in einen hohen Pürierbecher geben und fein pürieren. Abschmecken mit Salz und Pfeffer.

Anrichten
Auf einem Teller werden nun Zuckerrüben und Rote Bete abwechselnd geschichtet. Dazwischen kommt etwas Pesto. Obenauf das Erbsenpüree und die gebratene Paprika.

MARINIERTE MELONE MIT FETA

Für 4 Personen | Zubereitungszeit: ca. 30 Minuten | Schwierigkeitsgrad: ●●●

Zutaten Salat

1 kg Wassermelone
4 Zweige frischer Koriander
4 Zweige Minze
6 EL heller Balsamico
6 EL Olivenöl
Salz & Pfeffer

Zutaten Feta

200 g Feta
½ unbehandelte Zitrone
Salz & Pfeffer

Zubereitung

1 Die Melone in mundgerechte Würfel schneiden, Minze und Koriander fein hacken. Alles in einer hohen Schüssel mit dem Balsamico und dem Olivenöl vermengen. Mit Pfeffer und Salz abschmecken.

2 Den Feta fein zerbröseln. Die Schale von der halben Zitrone abreiben und unter den Feta mischen. Mit Pfeffer und Salz abschmecken.

3 Zum Servieren die Melonenwürfel auf eine Platte geben, den Feta darüberstreuen und Zahnstocher in die Melonenwürfel stecken.

GEBACKENER HANDKÄS' MIT GURKEN-DILL-SALAT

Für 4 Personen | Zubereitungszeit: ca. 30 Minuten | Schwierigkeitsgrad: ●●

Zutaten

4 Handkäs'
2 Eier
100 g Paniermehl
500 ml Frittierfett
1 Gurke
2 rote Zwiebeln
1 kleine Chilischote
2 Zweige Dill
150 g Schmand
8 EL weißer Essig
8 EL neutrales Öl
Salz & Pfeffer

Zubereitung

1 Gurke halbieren, entkernen und in sehr feine, kleine Würfel schneiden.

2 Zwiebeln und Chilischote ebenfalls sehr klein schneiden sowie den Dilll fein hacken.

3 Alles zusammen mit dem Essig, dem Öl und dem Schmand gut vermengen. Einige Minuten ziehen lassen und mit Pfeffer und Salz würzen.

4 Den zimmerwarmen Handkäs' zuerst im zuvor verquirlten Ei, dann im Paniermehl wenden. Panade gut andrücken und im heißen Fett frittieren, bis der Handkäs' goldbraun ist.

GEMÜSESALAT

Für 4 Personen | Zubereitungszeit: ca. 30 Minuten | Schwierigkeitsgrad: ●

Zutaten

2 Zucchini
1 gelbe Paprika
1 rote Paprika
100 g Champignons
100 g kleine Mozzarellakugeln
1 EL Kapern
10 eingelegte getrocknete Tomaten

2 Zweige Thymian
1 Stängel Basilikum
1 EL Honig
4 EL Weißweinessig
4 EL Olivenöl
1 EL Senf

Öl zum Braten
Salz & Pfeffer

Zubereitung

1 Das Gemüse säubern. Zucchini in Streifen, Champignons in Scheiben schneiden.
2 Die Paprika in grobe Würfel schneiden. Öl in einer Edelstahlpfanne erhitzen, das Gemüse darin anbraten, aber nicht durchgaren, es soll knackig bleiben.
3 Das gebratene Gemüse in eine Schale geben und mit Kapern, Mozzarella und den eingelegten Tomaten vermengen.
4 Für das Dressing werden die Kräuter fein geschnitten, dann mit Honig, Weißweinessig, Senf und Olivenöl gut vermengt.
5 Kurz vor dem Servieren das Dressing unterheben.

Tipp: Zu dem Salat können auch 300 g gekochte Nudeln gegeben werden.

FRITTIERTES SESAM-EI MIT SÜSS-SAURER MARINADE

Für 4 Personen | Zubereitungszeit: ca. 20 Minuten | Schwierigkeitsgrad: ●●

Zutaten Eier
200 g Wildkräutersalat
4 Eier, gekocht
2 Eier, verquirlt
100 g Paniermehl
6 EL Sesamkörner
100 g Mehl

Zutaten Marinade
Öl zum Frittieren
3 EL Honig
3 Peperoni
6 EL Weißweinessig
2 EL Sesamöl
4 EL Wasser
Salz & Pfeffer

Zubereitung

1 Die gekochten Eier in Mehl und in dem verquirlten Ei wenden. Danach in Sesamkörnern und Paniermehl wenden. In ausreichend Öl goldbraun frittieren.

2 Für die Marinade die Chilis in Scheiben schneiden und mit den restlichen Zutaten sehr gut vermengen. Mit Pfeffer und Salz abschmecken.

3 Den Salat putzen und in tiefe Teller geben, die Marinade darüber träufeln und das frittiere Ei mittig daraufsetzen.

CAPRESE VON BÜFFELMOZZARELLA MIT ORANGEN-SOMMER-SALAT MIT DILL-SENF-DRESSING

Für 4 Personen | Zubereitungszeit: ca. 20 Minuten | Schwierigkeitsgrad:

Zutaten Salat
250 g gemischter Salat
1 rote Paprika

Zutaten Dressing
1 EL mittelscharfer Senf
1 EL Honig
4 EL Olivenöl
3 EL heller Essig
4 EL gehacker Dill
1 kleingeschnittene Zwiebel
1 EL Kapern
Pfeffer & Salz

Zutaten Caprese
1 großer Büffelmozzarella
1 große Orange
4 Basilikumblätter
Pfeffer & Salz

Zubereitung

1 Den Salat säubern und klein zupfen, die Paprika in Streifen schneiden und alles mit den Kapern vermischen.

2 Für das Dressing alle Zutaten klein schneiden und sehr fein mit dem Pürierstab oder mit einem Blender pürieren. Mit Pfeffer und Salz abschmecken.

3 Für das Caprese die Orange erst rundherum filetieren, dann in dünne Scheiben schneiden. Mozzarella ebenfalls in Scheiben schneiden.

4 Orangenfilets und Mozzarella mit Basilikumblättern aneinanderschichten. Das Dressing darübergeben und mit Pfeffer und Salz abschmecken.

Salate

MEDITERRANER REISSALAT

Für 4 Personen | Zubereitungszeit: ca. 30 Minuten | Schwierigkeitsgrad: ●●●

Zutaten Salat

300 g Reis
1 Paprika, rot
1 Paprika, gelb
1 Paprika, grün
200 g Tomaten
3 Frühlingszwiebeln
1 Zucchini
100 g Rucola
100 g Blattsalat
2 EL Olivenöl

Zutaten Dressing

50 ml Olivenöl
50 ml weißer Balsamico
1 Zitrone, davon die Schale
1 EL Zitronensaft

Zubereitung

1 Den Reis nach Packungsangabe kochen, danach kalt ausspülen.
2 Das Gemüse in Würfel schneiden und in etwas Olivenöl anschwitzen. Das Ganze dann unter den Reis mischen.
3 Blattsalate klein schneiden und alles miteinander gut vermengen.
4 Für das Dressing alle Zutaten in einem Becher gut vermischen, mit Pfeffer und Salz abschmecken und ebenfalls unter den Reis mischen.
5 Den Reissalat mit Pfeffer und Salz nach Geschmack nachwürzen.

CHICORÉE-ORANGEN-SALAT

Für 4 Personen | Zubereitungszeit: ca. 12 Minuten | Schwierigkeitsgrad: ●

Zutaten Salat
3 Chicorée-Köpfe
2 Orangen
4 EL Olivenöl

Zutaten Dressing
50 ml Olivenöl
30 ml dunkler Balsamico
1 TL Senf
1 Prise Zimt
Salz und Pfeffer

Zubereitung

1 Den Chicorée vorsichtig entblättern, dann die Blätter kurz in Olivenöl anbraten.

2 Die Orangen oben und unten anschneiden, danach mit einem Filetiermesser, von oben nach unten, rundherum die Schale entfernen und in dünne Scheiben schneiden.

3 Die Zutaten für das Dressing in eine Schüssel geben und sehr gut verrühren. Mit Salz, Pfeffer sowie Zimt abschmecken.

ROTE-BETE-AVOCADO-SALAT

Für 4 Personen | Zubereitungszeit: ca. 15 Minuten | Schwierigkeitsgrad: ●●○

Zutaten
300 g gekochte Rote Bete
300 g reife Avocado
100 ml Olivenöl
1 Zitrone
30 g Parmesan
Salz & Pfeffer

50 g Pinienkerne
20 g Petersilie

Zubereitung
1 Rote Bete in 5 mm dicke Scheiben schneiden. Die Avocado schälen und vorsichtig vom Kern befreien, ebenfalls in 5 mm dicke Scheiben schneiden.
2 Abwechselnd Rote Bete und Avocado in 10 bis 12 Lagen übereinanderschichten.
3 Für das Dressing Olivenöl, etwas Abrieb von der Zitronenschale, den Saft von einer halben Zitrone sowie den Parmesan dazugeben. Alles zusammen sehr gut pürieren. Abschmecken mit Pfeffer und Salz.
4 Die Pinienkerne ohne Öl rösten, danach um den Salat streuen. Die Petersilie zupfen und ebenfalls verteilen.

PARMESANEIS MIT BALSAMICO-CARAMELL

Für 4 Personen | Zubereitungszeit: ca. 30 Minuten | Schwierigkeitsgrad: ●●●

Zutaten Eis
100 g Zucker
75 ml Wasser
4 Eigelb
100 g geriebener Parmesan
½ TL gemahlener Zimt
1 Msp. Kardamom
300 ml Sahne
2 EL Kirschwasser

Zutaten Sauce
50 ml Wasser
50 g Zucker
6 EL Balsamico
50 g Edelbitterschokolade

Zubereitung Eis
1 Den Zucker im Wasser erhitzen, bis er sich ganz aufgelöst hat. Etwas einkochen lassen, danach herunterkühlen.
2 Das Eigelb weißschaumig schlagen, dann den Zuckersirup einlaufen lassen. Den Parmesan in die Masse einarbeiten.
3 Die Sahne steif schlagen und mit den Gewürzen zuletzt gut unter die Masse heben.
4 Das Ganze in eine Eismaschine geben und kalt rühren lassen oder mindestens 24 Stunden in eine Form in den Tiefkühler stellen.

Zubereitung Sauce
1 Zunächst Schokolade im Wasserbad schmelzen lassen, dann den Balsamico hinzugeben.
2 Zucker und Wasser aufkochen lassen, dann so lange kochen, bis es sirupartig wird.
3 Sobald der Zucker karamellisiert, zum Balsamico-Schokoladen-Gemisch geben und gut vermengen.

HAUPT SPEISEN & SNACKS

Ob es nun Kleinigkeiten sind, sprich ein Snack, oder eine Hauptmahlzeit – in der vegetarischen Küche gibt es so viele verschiedene Gerichte, dass den Köchen die Ideen nie ausgehen. Das Beste dabei: Wenn Sie die Gerichte kochen, werden Sie feststellen, dass Sie bei meinen Rezepten weder Fleisch noch Fisch vermissen werden.

MALLORQUINISCHES TOMATENBROT & AIOLI

Für 4 Personen | Zubereitungszeit: ca. 15 Minuten | Schwierigkeitsgrad: ●●○

Zutaten Brot
4 Scheiben Grau- oder Weißbrot
4 reife Tomaten
2 Knoblauchzehen
Meersalz
Olivenöl

Zutaten Aioli
500 ml neutrales Öl
2 Eier
1 Knoblauchzehe
etwas Salz

Aioli Varianten
1 TL Wasabi
oder
1 TL Thai Currypaste
oder
60 g Parmesan

Zubereitung Brot
1 Das Brot in Scheiben schneiden und auf einem Grill oder in der Pfanne rösten.
2 Das geröstete Brot zuerst mit einer geschälten Knoblauchzehe und dann einer halbierten Tomate gut einreiben.
3 Etwas Meersalz und Olivenöl daraufgeben. Dazu wird Aioli gereicht.

Zubereitung Aioli
1 Den Knoblauch in einen hohen schmalen Becher geben. Öl, Eigelb und Eiweiß hinzugeben.
2 Mit einem Stabmixer ca. eineinhalb Minuten ganz unten im Becher pürieren, dann langsam und vorsichtig hochziehen, dabei stetig pürieren. Die Masse sollte nun steif sein.

Varianten: Die Zutaten der Varianten nach dem Vorbereiten der Aioli dazugeben und gut verrühren.

ZUCCHINI-KARTOFFEL-KÜCHLEIN MIT SCHARFEM JOGHURT

Für 4 Personen | Zubereitungszeit: ca. 60 Minuten | Schwierigkeitsgrad:

Zutaten Küchlein

300 g Zucchini
300 g Kartoffeln
100 g Mehl
5 Eier
Salz & Pfeffer
Öl zum Braten

Zutaten Joghurt

200 g Joghurt, mind. 6 %
150 g Joghurt, mind. 3,5 %
½ Bund glatte Petersilie
2 Knoblauchzehen
Salz & Rosenpaprika (scharf)

Zubereitung Küchlein

1 Ein Drittel der Zucchini raspeln, die restlichen Zucchini sowie die Kartoffeln in kleine Würfel schneiden und in einem hohen Gefäß mit einem Stabmixer roh pürieren. Mit Mehl und Ei verquirlen und kräftig mit Pfeffer und Salz abschmecken.
2 Danach kleine Küchlein in Öl ausbacken und bei 70 Grad warm stellen.

Zubereitung scharfer Joghurt

1 Petersilie fein schneiden. Knoblauch in feine Würfel schneiden.
2 Alle Zutaten mit dem Joghurt vermengen, danach mit scharfem Paprikapulver und Salz abschmecken.

PAPAS ARRUGADAS CON MOJO PICÓN
RUNZELKARTOFFELN MIT SCHARFER PAPRIKASAUCE

Für 4 Personen | Zubereitunszeit: 30 Minuten | Schwierigkeitsgrad: ●●

Zutaten Kartoffeln
1 kg kleinere Kartoffeln, festkochend
3 EL grobes Salz

Zutaten Mojo
4 eingelegte Paprika
3 Knoblauchzehen
2 getrocknete Chilischoten
250 ml Olivenöl
100 g altes Weißbrot
etwas Weißweinessig
Kreuzkümmel, Pfeffer & Salz

Zubereitung Kartoffeln
1 Die Kartoffeln mit dem Salz in einen hohen Topf geben. Mit Wasser leicht bedecken und 20 Minuten bei mittlerer Hitze garkochen. Das Wasser abgießen.
2 Die Kartoffeln zurück in den Topf geben und bei mittlerer Hitze ausdampfen lassen. Zwischendurch aufschütteln, damit sich auf den Kartoffeln eine leichte Salzkruste bildet.

Zubereitung Mojo
1 Die Paprika abtropfen, Knoblauch schälen und klein schneiden, Weißbrot zerbröseln.
2 Mit allen weiteren Zutaten vermischen und sehr fein pürieren. Anschließend mit Salz, Pfeffer und Kreuzkümmel abschmecken.

74 | Hauptspeisen & Snacks

TAGLIATELLE-TÖRTCHEN

Für 4 Personen | Zubereitungszeit: ca. 50 Minuten | Schwierigkeitsgrad:

Zutaten

300 g gekochte Tagliatelle
6 Eier
1 Zucchini
1 Karotte
4 getrocknete Tomaten

Salz und frisch gemahlener Pfeffer aus der Mühle

Zubereitung

1 Das Gemüse säubern, in sehr feine Streifen schneiden und unter die Tagliatelle heben. Die Tagliatelle in Förmchen gleichmäßig verteilen.
2 Die Eier verquirlen und mit Salz und Pfeffer würzen, dann die Förmchen damit auffüllen.
3 Im vorgeheiztem Backofen bei 180 Grad ca. 15 Minuten garen, bis die Törtchen hochkommen.

Mein Tipp: Nach dem Garen mit etwas Crema di Balsamico beträufeln.

GEBACKENER SCHAFSKÄSE AUF RUCOLA MIT WARMEM PAPRIKADRESSING

Für 4 Personen | Zubereitungszeit: ca. 30 Minuten | Schwierigkeitsgrad: ●●

Zutaten
4 kleine runde Schafskäse
2 Eier
100 g Paniermehl
4 EL Mehl
1 Zitrone
Olivenöl zum Ausbacken
200 g Rucola

Zutaten Dressing
3 rote Paprika
6 EL heller Balsamico
3 EL Olivenöl
Pfeffer & Salz

Zubereitung

1 Die verquirlten Eier, Paniermehl, Mehl und die abgeriebene Schale der Zitrone jeweils in einen tiefen Teller geben.

2 Den Schafskäse nun mit Pfeffer, Salz und der Zitronenschale würzen. Für die Panade nacheinander in Mehl und Ei wälzen. Das Wälzen in Mehl und Ei wiederholen und zum Schluss ins Paniermehl geben. Danach die Panade gut andrücken.

3 In einer Edelstahlpfanne goldbraun ausbacken.

4 Den Rucola säubern und gleichmäßig auf die Teller verteilen.

5 Für das Dressing die Paprika mit einem Sparschäler enthäuten. Danach auseinanderschneiden, Kerne und Rippen entfernen, sehr fein pürieren.

6 Das Paprikamus in einer Stielkasserolle mit Olivenöl anbraten. Mit Balsamico ablöschen und mit Salz und Pfeffer würzen.

7 Zum Anrichten das warme Dressing über den Rucola-Salat geben, danach den gebackenen Schafskäse. Sofort servieren.

SPINAT-KARTOFFEL-SAMOSAS MIT SCHARFEM JOGHURT

Für 4 Personen | Zubereitungszeit: ca. 30 Minuten | Schwierigkeitsgrad: ●●●

Zutaten Samosas

3 EL Sonnenblumenöl
1 Zwiebel, gehackt
3 Chilischoten, entkernt und gehackt
1 TL Kreuzkümmel, gemahlen
1 TL Koriander, gemahlen
75 g Kartoffeln, gewürfelt und gekocht
250 g Spinat, gehackt und gekocht
4 große Lagen Blätterteig
Öl zum Frittieren

Zutaten scharfer Joghurt

200 g Joghurt, mind. 6 %
200 g Crème Fraîche
2 Knoblauchzehen
Salz, Pfeffer & scharfes Paprikapulver

Zubereitung Samosas

1 Das Öl in einer Pfanne erhitzen. Die Zwiebel und die Chilis hineingeben und etwa drei Minuten dünsten. Die Gewürze einrühren und weitere drei Minuten dünsten.

2 Die Kartoffeln und das Gemüse zugeben und gut unterrühren. Anschließend auskühlen lassen.

3 Den Blätterteig in 10 x 10 cm große Streifen schneiden. Je zwei Esslöffel Gemüse-Kartoffel-Mischung auf ein Ende des Streifens geben. Die Ecke diagonal umklappen, so dass die Füllung bedeckt ist und der Blätterteig ein Dreieck bildet. Die Ränder leicht befeuchten und fest zusammendrücken.

4 Das Frittieröl auf 180 Grad vorheizen. Die Samosas portionsweise hineingeben und in etwa fünf Minuten goldbraun frittieren.

Zubereitung Joghurt

Joghurt und Crème Fraîche gut verrühren. Den Knoblauch fein hacken und unterrühren. Joghurt mit Salz, Pfeffer und Paprikapulver pikant abschmecken.

RISOTTOBÄLLCHEN

Für 4 Personen | Zubereitungszeit: ca. 60 Minuten | Schwierigkeitsgrad: ●●●

Zutaten

1 l Gemüsefond (→ S.12)
50 g Butter
275 g Risottoreis
200 g Mozzarella
3 Schalotten
75 g frische Kräuter
1 Orange, deren Schale
6 EL geriebener Parmesan
50 g Mehl
2 Eier
100 g Semmelbrösel
Olivenöl
Salz & Pfeffer

Zubereitung

1 Butter in einem hohen Topf schmelzen, dann den Risottoreis hinzugeben und glasig dünsten. Mit etwas Gemüsefond aufgießen, bis der Reis bedeckt ist.

2 Leicht köcheln lassen, dabei immer wieder etwas Fond aufgießen. Sollte der Fond aufgebraucht, aber der Reis noch nicht gar sein, noch etwas zusätzlichen Fond dazugeben.

3 Käse und Schalotten in kleine Würfel schneiden. Kräuter sehr fein hacken. Orange mit einem Fadenschneider oder einer Reibe abziehen.

4 Ist der Reis fertig, die Kräuter, den Parmesan, die Orangenschale, die Käsewürfelchen sowie die Schalotten unterheben. Die Masse sollte dann so trocken sein, dass sie formbar ist. Sollte dies nicht der Fall sein, etwas Paniermehl zur Bindung unterheben.

5 Aus der Masse ca. 3 cm große Bällchen formen. Diese erst in Mehl, dann in verquirltem Ei und zum Schluss in Semmelbröseln wälzen. Anschließend in einer tiefen Pfanne in ausreichend Olivenöl goldbraun ausbacken.

MINIPIZZA MIT FEIGEN UND ZIEGENKÄSE

Für 10 Pizzen | Zubereitungszeit: ca. 15 Minuten | Ruhezeit: 30 Minuten
Schwierigkeitsgrad: ●●○

Zutaten Teig

21 g frische Hefe (1 Klötzchen)
½ TL Zucker
500 g Mehl
1 TL Salz
2 EL Olivenöl
2 EL Weißwein
250 ml Wasser
Öl fürs Blech
Mehl für die Arbeitsplatte

Zutaten Belag

250 g frische Feigen
250 g Ziegenfrischkäse
2 EL Honig
2 EL Olivenöl
1 Zweig Rosmarin
Salz & Pfeffer

Zubereitung

1 Die Hefe mit dem Zucker und etwas lauwarmem Wasser anrühren. Mehl mit dem Salz gut vermischen, dann das Hefewasser hinzufügen.
2 Olivenöl, Weißwein und das restliche Wasser hinzugeben, ebenfalls gut verkneten. Den Teig dann ca. 30 Minuten ruhen lassen, bis er sich fast verdoppelt hat.
3 Feigen in Scheiben schneiden. Frischkäse cremig rühren. Honig mit Olivenöl und dem zuvor sehr fein gehackten Rosmarin vermengen.
4 Den Teig anschließend mit etwas Mehl durchkneten. Das Backblech ölen, den Teig in kleine Teile schneiden, ausrollen und mit einer Gabel einstechen.
5 Teig mit der Öl-Honig-Mischung einpinseln, dann Feigen und Käse darauf verteilen.
6 Im vorgeheizten Backofen bei 200 Grad ca. 15 Minuten backen.

HANDKÄS-CARPACCIO AUF SCHMAND-SALSA

Für 4 Personen | Zubereitungszeit: ca. 30 Minuten | Schwierigkeitsgrad: ●●●

Zutaten
4 Handkäs'
1 Gurke
2 rote Zwiebeln
1 kleine Chilischote
10 Minze-Blätter
150 g Schmand
8 EL weißer Essig
8 EL neutrales Öl
1 Kerbelzweig
Salz & Pfeffer

Zubereitung
1 Gurke halbieren, entkernen und in sehr feine, kleine Würfel schneiden. Zwiebeln und Chilischote ebenfalls sehr klein schneiden sowie die Minze fein hacken.
2 Alles zusammen mit Essig, Öl und Schmand gut vermengen. Einige Minuten ziehen lassen und mit Pfeffer und Salz würzen.
3 Den Handkäs' in dünne Scheiben schneiden, die Salsa darübergeben und mit Kerbel verzieren.

SPANISCHE TORTILLA MIT GEMÜSE

Für 4 Personen | Zubereitungszeit: ca. 60 Minuten | Schwierigkeitsgrad: ●●●

Zutaten

4 große Kartoffeln
2 Karotten
2 Knoblauchzehen
2 Zwiebeln
4 Artischocken
100 g Spinat
8 EL gehackte glatte Petersilie
8 Eier
Olivenöl
Salz & Pfeffer

Zubereitung

1 Die Kartoffeln, die Karotten und den Knoblauch schälen und in Scheiben schneiden. Die Zwiebeln häuten und in Ringe schneiden.
2 An der Artischocke den Stiel abbrechen, die harten Blätter entfernen und die Stachelspitzen an allen Blättern mit einer Schere kappen, dann klein schneiden.
3 Den Spinat, sollte er frisch sein, etwas kleiner schneiden. Wenn der Spinat tiefgekühlt ist, vor der Verwendung auftauen.
4 Alle diese Zutaten mit etwas Olivenöl in einer Pfanne braten, bis das Gemüse noch knackig, aber gar ist. Herausnehmen und zur Seite stellen.
5 Die glatte Petersilie mit den Eiern verquirlen. Das Gemüse ebenfalls unter die Eiermischung heben. In der Pfanne bei kleiner Hitze mit etwas Öl zunächst die eine Seite backen. Die Tortilla mit einem großen Teller wenden und die andere Seite ebenfalls backen.
6 Danach im Backofen ca. 15 Minuten bei 180 Grad durchziehen lassen.

Zum Servieren wird die Tortilla in Tortenstücke geschnitten und angerichtet.

Hauptspeise

KOHLROULADE AUF PEPERONATA

Für 4 Personen | Zubereitungszeit: ca. 40 Minuten | Schwierigkeitsgrad: ●●●

Zutaten Roulade
6 Weißkohlblätter
4 Frühlingszwiebeln
1 Knoblauchzehe
3 EL Tomatenmark
80 g getrocknete Trauben
3 EL gehackte Mandeln
1 TL Zimt
2 EL frisch gehackte Petersilie
500 g Langkornreis
250 ml Gemüsefond (→ S.12)
Salz & Pfeffer

Zutaten Peperonata
800 g Tomaten
50 g Karotten
100 g Zwiebeln
100 g Stangensellerie
3 Chilischoten
100 g schwarze Oliven, entsteint
1 EL Basilikum
4 EL Olivenöl
Salz & Pfeffer

Zubereitung Roulade

1 Den Backofen auf 200 Grad vorheizen. In eine Auflaufform etwas Butter oder Öl geben und damit einstreichen. Die Kohlblätter ca. 15 Sekunden in einem Topf mit kochendem Wasser blanchieren, dann abtropfen lassen und die harten Stiele entfernen.

2 Für die Füllung den Reis nach Packungsangabe kochen. In einem Topf etwas Öl erhitzen und die kleingehackten Frühlingszwiebeln sowie den Knoblauch anbraten.

3 Nun den Reis und alle weiteren Zutaten (außer dem Fond) hinzugeben und gut unterheben, mit Pfeffer und Salz abschmecken und vom Herd nehmen.

4 Die Füllung auf den Rand des Kohls legen und dann einwickeln. Mit Küchengarn gut verschnüren. Aber nicht zu fest, sonst reißt das Kohlblatt ein!

5 Mit der Nahtseite nach unten in die Auflaufform legen und mit dem vorbereiteten Fond aufgießen. Die Temperatur des Backofens auf 180 Grad reduzieren und ca. 20–30 Minuten garen.

Zubereitung Peperonata

1 In einem hohen Topf etwas Olivenöl erhitzen. Die Tomaten klein schneiden, Karotten, Zwiebeln sowie den Sellerie klein würfeln und alles in den Topf geben.

2 30 Minuten köcheln lassen und dann die Gemüsemischung mit einem Löffel durch ein Sieb passieren.

3 Chilis und Oliven klein schneiden, unter die Masse heben. Alles nochmals aufkochen, Basilikum zugeben und mit Pfeffer und Salz abschmecken.

KICHERERBSENCURRY

Für 4 Personen | Zubereitungszeit: ca. 60 Minuten | Schwierigkeitsgrad:

Zutaten

400 g Kichererbsen aus der Dose
1 Zwiebel
2 Knoblauchzehen
1 Stück Ingwer
1 Chilischote
1 TL Korianderpulver
1 TL Kurkuma
1 TL Kreuzkümmelpulver
½ TL Zimt
200 g Joghurt
5 EL Öl
Salz & Pfeffer

Zubereitung

1 Die Kichererbsen abgießen. Die Zwiebel, den Knoblauch, den Ingwer und die Chilischote mit Kernen klein scheiden.

2 In einer Pfanne zunächst Koriander, Kurkuma, Kreuzkümmelpulver und Zimt mit dem Öl ein paar Sekunden lang anrösten. Danach Zwiebeln, Knoblauch, Ingwer und Chilischote unterheben und kurz mitrösten.

3 Kichererbsen, Joghurt und 100 ml Wasser hinzufügen und ca. 20–30 Minuten schmoren lassen. Zum Schluss mit etwas Salz abschmecken.

GEBACKENE PAPRIKA MIT COUSCOUS

Für 4 Personen | Zubereitungszeit: ca. 50 Minuten | Schwierigkeitsgrad: ●●●

Zutaten

1 Zwiebel
1 TL Kreuzkümmel
2 Stangen Zitronengras
1 EL gehackter Ingwer
1 kleine Chilischote
2 Mangos
½ TL brauner Zucker
1 Limette
300 ml Gemüsefond (→ S.12)
3 EL Cashewnüsse
1 EL Zucker
1 EL Butter

Pfeffer & Salz

Zubereitung

1 Den Kreuzkümmel im trockenen Topf anrösten. Danach Butter dazugeben.
2 Zwiebeln, Ingwer, entkernte Chilischote und Zitronengras sehr fein schneiden, dann anschwitzen. Braunen Zucker dazugeben und karamellisieren.
3 Mangos schälen und klein schneiden, dann mit in den Topf geben. Kurz mit anbraten und dann den Gemüsefond aufgießen.
4 Die Suppe gut durchkochen lassen, dann fein pürieren und durch ein Haarsieb streichen. Danach die Suppe abschmecken mit Limettenschale und Saft sowie Zucker, Salz und Pfeffer.
5 Die Cashewnüsse grob hacken und trocken anrösten. Beim Servieren der Suppe werden die Nüsse daraufgestreut.

SPARGEL AUF RUCOLA MIT PARMESIERTER TOMATENSAUCE

Für 4 Personen | Zubereitungszeit: ca. 25 Minuten | Schwierigkeitsgrad: ●●●

Zutaten Gemüse
500 g weißer Spargel
200 g Rucola

Zutaten Tomatensauce
800 g Tomaten
3 Knoblauchzehe
3 Schalotte
100 g Parmesan, sehr fein reiben
3 EL glatte Petersilie, gehackt
100 ml Weißwein
250 ml Gemüsefond (→ S.12)

Olivenöl zum Anbraten

Salz & Pfeffer

Zubereitung

1 Den Spargel schälen, den Rucola säubern, von den harten Stielansätzen befreien und auf Teller portionieren.

3 Für die Sauce die Tomaten überbrühen, enthäuten und entkernen. Dann in kleine Würfelchen schneiden. Die Schalotten und den Knoblauch ebenfalls in kleine Würfelchen schneiden. Zusammen in einem hohen Topf in etwas Olivenöl anbraten. Kurz aufköcheln lassen, dann mit dem Weißwein abschmecken.

4 Einige Minuten weiter köcheln lassen, dann den Gemüsefond aufgießen und auf etwa die Hälfte reduzieren lassen.

5 Den fein geriebenen Parmesan unterheben und mit einem Pürierstab sehr fein pürieren. Zum Schluss die Sauce mit Salz und Pfeffer gut würzen und die glatte gehackte Petersilie unterheben.

6 Den Spargel in einer Edelstahlpfanne knackig mit Olivenöl anbraten, ein paar Tropfen Zitronensaft hinzugeben und mit Pfeffer und Salz würzen. Den gebratenen Spargel auf dem vorbereiteten Rucola anrichten und die Tomatensauce darübergeben. Sofort servieren.

TORTA DE HOJA WÜRZIGER BLECHKUCHEN

Jeweils für 1 Blech | Zubereitungszeit: ca. 60 Minuten | Schwierigkeitsgrad: ●●

Zutaten Teig
21 g frische Hefe (1 Klötzchen)
½ TL Zucker
500 g Mehl
1 TL Salz
2 EL Olivenöl
2 EL Weißwein
250 ml Wasser
Öl fürs Blech
Mehl für die Arbeitsplatte

Zutaten Kürbis/Gemüse
300 g Kürbis
100 g Kirschtomaten
1 Paprika
½ Aubergine
1 Zwiebel
100 g Zucchini
100 g Gorgonzola
20 g Basilikum
Salz & Pfeffer

Zutaten Paprika/Tomaten
200 g eingelegte Paprika
200 g Zwiebeln
500 g Tomaten
3 EL gehackte Petersilie
50 ml Olivenöl
Salz und Pfeffer

Zutaten Gorgonzola/Lauch
200 g Lauch
200 Gorgonzola
3 EL gehackte Petersilie
50 ml Olivenöl
Salz und Pfeffer

Zutaten Rote Bete/Schafskäse
400 g gekochte Rote Bete
200 g Schafskäse
20 g grob gezupfte Petersilie
1 TL Kreuzkümmel
Salz & Pfeffer

Zubereitung Teig

1 Die Hefe mit Zucker und etwas lauwarmem Wasser anrühren. Das Mehl mit dem Salz gut vermischen und das Hefewasser hinzufügen.
2 Olivenöl, Weißwein und das restliche Wasser hinzugeben, ebenfalls wieder gut verkneten. Den Teig ca. 30 Minuten ruhen lassen, bis er sich fast verdoppelt hat.
3 Den Teig anschließend mit etwas Mehl durchkneten. Das Backblech ölen, den Teig darauf ausrollen und mit einer Gabel einstechen.
4 Backofen auf 230 Grad vorheizen.

Zubereitung Kürbis/Gemüse

1 Den Kürbis in kleine, mundgerechte Würfel schneiden. Die Aubergine und die Zucchini in Streifen, die Zwiebel in Ringe schneiden. Die Kirschtomaten halbieren, den Gorgonzola würfeln.
2 Alles miteinander sehr gut vermengen, zum Schluss die Basilikumblätter unterheben und mit Pfeffer und Salz abschmecken.

Zubereitung Paprika/Tomaten

1 Tomaten erst überbrühen, dann häuten, entkernen und in kleine Stücke schneiden. Paprika sehr gut abtropfen lassen und in kleine Stücke schneiden. Die Zwiebeln würfeln.
2 Das Gemüse gut vermischen, kräftig würzen.

Zubereitung Lauch/Gorgonzola

1 Lauch in Streifen oder Ringe schneiden. Den Gorgonzola in kleine Stücke, die Petersilie klein schneiden.
2 Alles mit dem Olivenöl vermengen und mit Pfeffer und Salz abschmecken.

Zubereitung Rote Bete/Schafskäse

Rote Bete und Schafskäse in grobe Würfel schneiden und mit der gezupften Petersilie und dem Kreuzkümmel mischen, mit Pfeffer und Salz abschmecken.

Fertigstellung

Belag auf dem ausgerollten Teig verteilen. Den Blechkuchen im Backofen bei 230 Grad ca. 20 bis 30 Minuten backen.

SEMMELKNÖDEL MIT PILZRAHMSAUCE

Für 4 Personen | Zubereitungszeit: ca. 30 Minuten | Schwierigkeitsgrad: ●●●

Zutaten Semmelknödel
5 trockene Brötchen
1 Ei
200–250 ml Milch
1 EL glatte Petersilie
Muskat, Pfeffer & Salz

Zutaten Sauce
200 g gemischte Pilze
100 ml Gemüsefond (→ S.12)
100 ml Sahne
1 Zwiebel
Salz und Pfeffer

Zubereitung
1 Brötchen in Scheiben schneiden, die Milch in einem hohen Becher mit dem Ei und den Gewürzen (außer der Petersilie) gut verrühren.
2 Die Brötchenscheiben in eine große Schüssel geben und mit der Milch übergießen, zehn Minuten quellen lassen. Die Petersilie zur Teigmasse geben.
3 Zwei Liter Wasser mit 1 TL Salz zum Kochen bringen.
4 Aus der Teigmasse mit feuchten Händen Knödel formen. Die Knödel mit einem Schaumlöffel ins kochende Wasser einlegen und ca. 15–20 Minuten ziehen lassen, bis sie gar sind.

Zubereitung Sauce
1 Die Pilze säubern, danach klein scheiden, die Zwiebel abziehen und würfeln. Danach mit etwas Öl anbraten.
2 Mit Gemüsefond ablöschen und aufkochen. Danach die Sahne dazugeben und so lange köcheln, bis die Flüssigkeit rahmig wird. Mit Pfeffer und Salz abschmecken.

RICOTTA-PARMESAN-TÖRTCHEN IM LILA NUDELNEST MIT SAFRANSCHAUM

Für 4 Personen | Zubereitungszeit: ca. 60 Minuten | Schwierigkeitsgrad: ●●●

Zutaten Törtchen
3 Eier
400 g Ricotta
100 g Parmesan
50 g Parmesan
Muskatnuss
Salz & Pfeffer
Butter oder Öl zum Fetten

Zutaten lila Nudeln
500 g Bandnudeln oder Spaghetti
500 ml Rote-Bete-Saft aus dem Reformhaus
1 EL Raz el Hanout
2 EL Butter
4 EL Olivenöl
Salz & Pfeffer

Zutaten Safranschaum
1 Schalotte
50 ml Weißwein
300 ml Gemüsefond (→ S.12)
125 ml Sahne
0,3 g Safran
40 g Butter
Salz & Pfeffer

Zubereitung Törtchen
1 Feuerfeste Förmchen mit Öl oder Butter ausstreichen, die Eier gut verquirlen. Parmesan fein reiben, mit Ricotta und Eiern vermengen und mit Salz, Pfeffer und Muskat abschmecken.
2 Die Förmchen mit der Masse gleichmäßig füllen. Parmesan drüber geben und im vorgeheizten Backofen bei 180 Grad etwa 20–25 Minuten backen.

Zubereitung lila Nudeln
1 Nudeln al dente kochen. Rote-Bete-Saft von 500 ml auf ein gutes Drittel einkochen.
2 Butter und Öl in einer Pfanne oder einem Topf schmelzen. Raz el Hanout einrühren und leicht anbraten. Nudeln hinzugeben und in der Gewürzbutter wenden.
3 Den eingekochten Rote-Bete-Saft hinzufügen und alles vorsichtig verrühren, so dass die Nudeln die Farbe annehmen. Anschließend mit Salz und Pfeffer abschmecken.

Zubereitung Safranschaum
1 Die Schalotte in dünne Scheiben schneiden und mit dem Weißwein aufkochen. Den Gemüsefond hinzu gießen und auf 200 ml einkochen lassen. Die Sahne angießen und kurz köcheln lassen, bis die Sauce sämig wird.
2 Durch ein Sieb passieren und die Flüssigkeit wieder zurück in den Topf geben. Safran in warmem Wasser (2 EL) einweichen, in den Sud rühren und kräftig mit Salz und Pfeffer würzen.
3 Die Sauce von der Kochstelle nehmen und mit einem Schneebesen die Butter in die Sauce montieren.

PASTA MIT PILZEN

Für 4 Personen | Zubereitungszeit: ca. 30 Minuten | Schwierigkeitsgrad: ●●●

Zutaten

300 g Tagliatelle
2 rote Chilischoten
2 Knoblauchzehen
40 g Parmesan
3 EL Schmand
50 ml Weißwein
1 EL Curry
50 g getrocknete Tomaten
200 g z. B. Shiitakepilze
Salz & Pfeffer

Zubereitung

1 Nudeln al dente kochen. Knoblauch und Chili fein hacken, getrocknete Tomaten in feine Streifen schneiden, Parmesan fein reiben.

2 Chili und Knoblauch anbraten, mit dem Weißwein ablöschen, aufkochen lassen und den Schmand sowie den Curry hinzugeben. Danach die getrockneten Tomaten sowie die Nudeln hinzugeben, alles kurz durchschwenken und mit Pfeffer und Salz abschmecken.

3 Die Pilze in einer Extrapfanne mit etwas Öl anbraten und zusammen mit der Pasta anrichten.

SPAGHETTI MIT ZUCCHINI UND SAFRAN

Für 4 Personen | Zubereitungszeit: ca. 20 Minuten | Schwierigkeitsgrad: ●●●

Zutaten

500 g Spaghetti
400 g Zucchini
1 Zwiebel
0,2 g Safran
200 ml Gemüsefond (→ S.12)
200 ml Sahne
3 EL Olivenöl
etwas Parmesan
Salz & Pfeffer

Zubereitung

1 Nudeln al dente kochen. Zucchini mit einem Sparschäler in Streifen schneiden. Zwiebel in feine Würfelchen schneiden. Safran im Gemüsefond einweichen.

2 Zwiebel mit etwas Olivenöl anbraten. Danach die Zucchini dazugeben und kurz durchschwenken.

3 Mit dem Gemüsefond ablöschen, die Sahne hinzufügen, aufkochen lassen und mit Pfeffer und Salz abschmecken.

4 Die Pasta in einem tiefen Teller oder einer Schale anrichten und die Zucchini mit der Sauce darübergeben.

5 Nach Wunsch mit etwas geriebenem Parmesan abrunden.

ROTE-BETE-RISOTTO

Für 4 Personen | Zubereitungszeit: ca. 40 Minuten | Schwierigkeitsgrad:

Zutaten
500 g Risottoreis
500 g Rote Bete, gekocht
1 Zwiebel
3 EL Butter
100 ml Rote-Bete-Saft
1 l Gemüsefond (→ S.12)
1 Bund glatte Petersilie
2 EL Pinienkerne, geröstet
100 g Parmesan
50 g Butter
Salz & Pfeffer

Zubereitung

1 Zunächst die Rote Bete in kleine Würfel schneiden. Die Zwiebel schälen und fein hacken.

2 1 EL Butter in einem hohen Topf schmelzen und die Zwiebel darin anschwitzen. Den Reis hinzugeben und unter ständigem Rühren andünsten, bis er vom Fett überzogen ist.

3 Mit etwas Gemüsefond ablöschen, bis der Reis leicht bedeckt ist. Unter ständigem Rühren verdampfen lassen, dann auf mittlere Hitze stellen und ein paar Schöpfkellen Fond hinzugeben.

4 Das Ganze unter ständigem Rühren einkochen lassen. Den Vorgang so lange wiederholen, bis der Fond aufgebraucht und der Reis gar ist. Sollte der Reis noch nicht weich sein, noch etwas Wasser oder Fond hinzufügen.

5 Petersilie waschen, hacken und unter den Reis mischen. Die restlichen Zutaten unterheben und mit Salz und Pfeffer kräftig würzen. Zum Schluss die restliche Butter unterheben.

RISOTTO IM STRUDELTEIG AUF GEBRATENEM ZIEGENKÄSE

Für 4 Personen | Zubereitungszeit: ca. 45 Minuten | Schwierigkeitsgrad: ●●●

Zutaten rotes Risotto
200 g Risottoreis
½ Zwiebel
1 EL Öl oder Butter
200 g Rote Bete, gekocht
50 g Schmand
500 ml Gemüsefond (→ S.12)
50 g Parmesan
50 g Butter
Salz & Pfeffer

Zutaten grünes Risotto
200 g Risottoreis
½ Zwiebel
50 g Grüne-Soße-Kräuter oder gemischte Kräuter
50 g Schmand
50 g Butter
50 g Parmesan
500 ml Gemüsefond (→ S.12)
Salz & Pfeffer

Zutaten Strudelteig
125 g Mehl
100 ml lauwarmes Wasser
1 EL Öl
1 Prise Salz

8 kleine Ziegenkäse von der Rolle
Paniermehl
Öl zum Braten

Zubereitung rotes Risotto

1 Zunächst Rote Bete in kleine Würfel schneiden. Die Zwiebel schälen und fein hacken. 1 EL Butter oder Öl in einem hohen Topf schmelzen und die Zwiebel darin anschwitzen.

2 Den Reis hinzugeben und unter ständigem Rühren andünsten, bis er vom Fett überzogen ist. Mit etwas Gemüsefond ablöschen, bis der Reis leicht bedeckt ist.

3 Unter ständigem Rühren verdampfen lassen, dann auf mittlere Hitze stellen und ein paar Schöpfer Fond hinzugeben. Fond wiederum unter ständigem Rühren einkochen lassen. Den Vorgang so lange wiederholen, bis der Fond aufgebraucht und der Reis gar ist.

Hauptspeisen & Snacks | 111

4 Sollte der Reis noch nicht weich sein, noch etwas Wasser oder Fond hinzufügen. Die restlichen Zutaten unterheben und mit Salz und Pfeffer kräftig würzen. Zum Schluss die restliche Butter unterheben.

Zubereitung Grünes Risotto

1 Die Hälfte der Butter in einem hohen Topf schmelzen. Die Zwiebel klein schneiden, in die Butter geben und anschwitzen.
2 Den Reis hinzugeben und glasig andünsten. Mit dem Weißwein ablöschen, kurz aufkochen lassen, dann den Gemüsefond nach und nach angießen. Ca. 15–20 Minuten köcheln lassen.
3 Die Grüne-Soße-Kräuter klein schneiden, in einen Mixer geben und mit dem Schmand pürieren. Unter das Risotto rühren, dieses nicht mehr kochen lassen!
4 Mit Salz, Pfeffer, der restlichen Butter und dem Parmesan abschmecken.

Zubereitung Strudelteig

1 Alle Zutaten gut vermengen, dann eine Stunde kühl ruhen lassen, danach sehr dünn ausrollen auf ca. 50 x 50 cm.
2 Den Teig halbieren und jeweils auf einen Strudelteig das rote bzw. grüne Risotto geben. Einrollen und bei 200 Grad ca. 18–20 Minuten garen.

Zubereitung Ziegenkäse

Den Käse mit etwas Pfeffer nachwürzen. Dann in Paniermehl wenden und von beiden Seiten braun anbraten. Danach warm halten.

Fertigstellung

Den Strudelteig aus dem Ofen nehmen, leicht abkühlen lassen und kleine Scheiben davon aufschneiden. Das Risotto im Strudelteig wird auf einem großen Teller mit dem Ziegenkäse angerichtet.

KÜRBISRISOTTO MIT SALBEI UND KAPERN

Für 4 Personen | Zubereitungszeit: ca. 40 Minuten | Schwierigkeitsgrad: ●●●

Zutaten

500 g Risottoreis
1 Zwiebel
3 EL Butter
500 g Kürbisfleisch
1 l Gemüsefond (→ S.12)
200 ml trockener Weißwein
1 Bund glatte Petersilie
2 EL Pinienkerne, geröstet
100 g Parmesan
1 EL Kapern (mit Gabel zerdrückt)
20 g Salbeiblätter
50 g Butter
Salz & Pfeffer

Zubereitung

1 Den Kürbis schälen und in kleine Würfel schneiden. Die Zwiebel schälen und fein hacken.

2 1 EL Butter in einem hohen Topf schmelzen und die Zwiebel darin anschwitzen. Danach den Kürbis und anschließend den Reis hinzugeben und unter ständigem Rühren andünsten, bis alles vom Fett überzogen ist. Danach mit dem Weißwein ablöschen.

3 Gemüsefond hinzugeben, bis der Reis leicht bedeckt ist. Unter ständigem Rühren verdampfen lassen, dann auf mittlere Hitze stellen und ein paar Schöpfer Fond hinzugeben.

4 Fond wiederum unter ständigem Rühren einkochen lassen. Den Vorgang so lange wiederholen, bis der Fond aufgebraucht und der Reis gar ist. Sollte der Reis noch nicht weich sein, noch etwas Wasser oder Fond hinzufügen.

5 Petersilie waschen, hacken und unter den Reis mischen. Die restlichen Zutaten (außer dem Salbei) unterheben und mit Salz und Pfeffer kräftig würzen.

6 Zum Schluss die restliche Butter in einem Extratöpfchen schmelzen, leicht bräunen lassen, danach die Salbeiblätter darin schwenken.

Beim Servieren die Salbeiblätter mit der gebräunten Butter über das Risotto geben.

AUBERGINENRÖLLCHEN MIT COUSCOUS-SALAT

Für 4 Personen | Zubereitungszeit: ca. 30 Minuten | Schwierigkeitsgrad: ●●●

Zutaten Pesto
200 g Basilikumblätter
50 g Pinienkerne
80 g frischer Parmesan
200 ml Olivenöl
1 Zitrone, deren Saft und Schale
Salz & Pfeffer

Zutaten Couscous-Salat
200 g Couscous
280 ml Wasser
1 EL Currypulver
1 EL Nussöl
1 kleine Ananas
1 rote Chilischote
½ Salatgurke
1 Limette
Salz & Pfeffer

Zutaten Auberginenröllchen
1 Aubergine
1 rote Paprika
1 Zucchini
100 g Schafskäse
Salz & Pfeffer

Zubereitung Pesto
Kerne zunächst trocken rösten. Alle Zutaten für das Pesto in einen hohen Becher geben und fein pürieren. Abschmecken mit Salz und Pfeffer.

Zubereitung Couscous-Salat
1 Wasser mit Currypulver, Salz, Pfeffer und Öl erhitzen. Couscous einrühren, kurz aufkochen und vom Herd nehmen, zugedeckt 5–7 Minuten quellen lassen.
2 Ananas schälen, in kleine Würfel schneiden und in einer beschichteten Pfanne in wenig Öl anbraten. Chilischote in feine Ringe schneiden, zur Ananas geben und mitbraten. Die Ananas sollte leicht Farbe annehmen.
3 Von der Salatgurke die Kerne entfernen und das Fruchtfleisch in kleine Würfel schneiden.
4 Couscous mit einer Gabel auflockern, in eine Schüssel geben und Limettensaft direkt dazu pressen. Ananas und Gurke hinzufügen und gut durchmischen.

Zubereitung Auberginenröllchen
1 Aubergine und Zucchini in Scheiben, die Paprika in Streifen schneiden. Schafskäse in Stücke schneiden. Das Gemüse mit etwas Öl anbraten.
2 Danach auf die Auberginenscheibe erst eine Zucchinischeibe, dann Paprika und den Schafskäse darauf legen. Das Ganze einrollen.
3 Im Backofen bei 180 Grad ca. 15 Minuten garen.

FALAFEL MIT TZATZIKI

Für 4 Personen | Zubereitungszeit: ca. 30 Minuten | Schwierigkeitsgrad: ●●●

Zutaten Falafel

250 g Kichererbsen aus der Dose
½ Bund Koriander
½ TL gemahlener Koriander
1 Zwiebel
1 Knoblauchzehe
½ TL Kreuzkümmel
1 EL Zitronensaft
Salz und Pfeffer
Öl zum Frittieren
2 Eier
120 g Paniermehl

Zutaten Tzatziki

300 g Joghurt, mind. 10 %
200 g Quark, mind. 20 %
1 Gurke
2 Zwiebeln
5 Knoblauchzehen
2 EL Olivenöl
4 EL heller Balsamico
Salz & Pfeffer

Zubereitung Falafel

1 Die Kichererbsen mit den restlichen Zutaten in einen Mixer geben und fein mahlen. Dann kräftig mit Pfeffer und Salz würzen.
2 Aus der Masse Bällchen formen. Öl erhitzen. Bällchen im verquirlten Ei wälzen und mit Paniermehl ummanteln. Danach im Öl frittieren.

Zubereitung Tzatziki

1 Gurke mit Schale in kleine Würfelchen schneiden. Zwiebeln ebenfalls klein scheiden. Knoblauch fein reiben.
2 Joghurt und Quark sehr gut verrühren, danach die restlichen klein geschnittenen Zutaten unterheben.
3 Das Tzatziki mit Pfeffer und Salz abschmecken und zu den Falafeln reichen.

NACH TISCH & KUCHEN

Ein süßer Abschluss gehört einfach zu einem guten Essen. Vom Klassiker bis hin zu interessanten, gewagten und dennoch einfachen Desserts ist alles dabei.
Lassen Sie sich verführen und genießen Sie die Kreationen.

WINDBEUTEL MIT BEEREN UND VANILLECREME

Für 4 Personen | Zubereitungszeit: ca. 40 Minuten | Schwierigkeitsgrad: ●●●

Zutaten Windbeutel
250 g Mehl
250 ml Wasser
100 g Butter
1 Msp. Salz
5 Eier

Zutaten Vanillecreme
250 ml Milch
1 Vanilleschote
60 g Stärke
2 Eigelb
20 g Butter
60 g Zucker

100 g Beeren der Saison

Zubereitung Windbeutel
1 Wasser, Butter und Salz zum Kochen bringen. Das gesamte Mehl auf einmal hinzugeben, dabei so lange kräftig umrühren, bis sich ein Kloß bildet sowie Haut am Boden.
2 Die Masse aus dem Topf in eine Schüssel geben und leicht abkühlen lassen.
3 Die Eier hinzugeben und mit einem Handrührgerät kräftig durchschlagen.
4 Kleine Häufchen auf ein zuvor leicht gewässertes Backblech geben und bei 220 Grad 15–20 Minuten backen.

Zubereitung Füllung
1 Die Milch mit der zuvor ausgekratzten Vanilleschote zum Kochen bringen, danach die Butter hinzugeben.
2 Eigelb mit Zucker und mit der Stärke verrühren, danach in die heiße Milch geben und bei mittlerer Hitze garen, damit die Masse bindet. Auskühlen lassen.
3 Den Windbeutel halbieren, von der Creme etwas einfüllen, die Beeren der Saison darauflegen und den Windbeutel zudecken.

CREMA CATALANA

Für 4 Personen | Zubereitungszeit: ca. 30 Minuten | Schwierigkeitsgrad: ● ●

Zutaten

200 g Zucker
4 Eigelb
1 EL Speisestärke
1 Stange Zimt
Schale einer ½ Zitrone
500 ml Milch

Zubereitung

1 150 g des Zuckers mit dem Eigelb sehr schaumig schlagen. Speisestärke, Zimtstange und Zitronenschale hinzugeben, danach in einem Topf mit der Milch bei mittlerer Temperatur so lange und langsam erhitzen, bis die Masse anfängt zu stocken.

2 Die Zimtstange entfernen und die Masse in Förmchen gießen. Erkalten lassen.

3 Den Backofen im Grillmodus auf höchste Temperatur erhitzen, danach den Zucker in die Förmchen geben und kurz im Grill karamellisieren.

GEBACKENE ERDBEEREN MIT MASCARPONE

Für 4 Personen | Zubereitungszeit: ca. 20 Minuten | Schwierigkeitsgrad: ●

Zutaten
250 g Erdbeeren
100 g Mascarpone
2 Eier
50 g Honig
½ Zitrone
einige Minzeblätter

Zubereitung
1 Die Erdbeeren der Länge nach vierteln, dann in eine Schale legen, in der gratiniert werden kann.
2 Die Eier mit dem Mascarpone und dem Honig sowie dem Zitronensaft verrühren und in die Förmchen zu den Erdbeeren gießen. Die Blätter der Minze fein hacken und darüber streuen.
3 Förmchen im vorgeheizten Backofen etwa 8–10 Minuten bei 180 Grad Umluft backen.

APFEL-TIRAMISU

Für 4 Personen | Zubereitungszeit: ca. 30 Minuten | Schwierigkeitsgrad: ●●

Zutaten

250 g Löffelbiskuit
100 ml Calvados
50 ml Espresso
500 g saure Äpfel
2 EL Zucker
¼ TL Zimt
1 Msp. Curry
4 EL Vanillezucker
200 g Mascarpone
100 g Sahne
Kakaopulver

Zubereitung

1 Zunächst die Äpfel schälen und in sehr kleine Stücke schneiden, dann leicht ohne Öl anbraten.
2 Zucker, Zimt, Curry und die Hälfte des Calvados dazugeben, leicht köcheln lassen, bis die Äpfel weich sind. Danach auskühlen lassen.
3 Mascarpone mit dem Vanillezucker und der zuvor geschlagenen Sahne vermengen und kalt stellen.
4 In eine Form wird wie folgt geschichtet: Erst den Löffelbiskuit einlegen. Die andere Hälfte Calvados und Espresso gut vermengen und den Löffelbiskuit damit beträufeln.
5 Die geschmorten Äpfelchen darauf verteilen, anschließend die Mascarponecreme daraufgeben und glattstreichen. Zum Schluss dick mit Kakaopulver bepudern.

Tipp: Sollte das Dessert portionsweise angerichtet werden, wird wie folgt vorgegangen: Den Löffelbiskuit grob zerbröseln, dann in eine Form oder in ein Gläschen geben und mit Calvados beträufeln. Apfelmasse daraufgeben. Mittels eines Spritzbeutels wird dann die Mascarponecreme in die Form oder ins Glas gespritzt und dick mit Kakaopulver bepudert.

TÜRMCHEN VON MANDELPLÄTZCHEN UND WILDBEEREN

Für 4 Personen | Zubereitungszeit: ca. 40 Minuten | Schwierigkeitsgrad: ●●●

Zutaten

100 ml Rotwein
100 ml Erdbeerlimes
4 EL Zucker
500 g Wildbeeren gemischt
100 g Erdbeeren
200 g Mascarpone
100 g Joghurt
2 EL Vanillezucker
Minze

Zutaten Mandelplätzchen

100 g Mandeln, grob gehackt
100 g Zucker
30 g Mehl
½ Vanilleschote
½ Orange, Saft und Schale
50 g weiche Butter

Zubereitung

1 Rotwein, Erdbeerlimes und Zucker in einen Topf geben und köcheln lassen, bis die Masse dicklich cremig ist, danach auskühlen lassen.
2 Die Beeren säubern, große Beeren teilen.
3 Mascarpone, Joghurt und Vanillezucker gut verrühren, dann in einen Spritzbeutel füllen.

Zubereitung Mandelblättchen

1 In einer Küchenmaschine alle Zutaten sehr gut vermengen. Dann mindestens eine Stunde kalt stellen.
2 Aus dem Teig Kugeln formen, diese leicht plattdrücken und auf Backpapier setzen. Dabei genügend Abstand lassen, da der Teig etwas verläuft.
3 Bei 155 Grad ca. 10 Minuten auf Backpapier backen. Die Plätzchen auskühlen lassen.

Anrichten

1 Zwei der Mandelblättchen mit der Creme bestreichen, dann ein paar Beeren drumherum geben.
2 Das Ganze aufeinanderschichten, obenauf ein drittes Mandelplätzchen legen, ebenfalls mit Beeren belegen. Rundherum die Rotwein-Erdbeer-Sauce verteilen.

SORBET VON SOMMERFRÜCHTEN

Für 4 Personen | Zubereitungszeit: ca. 40 Minuten | Schwierigkeitsgrad: ●●●

Zutaten

1 kg gemischte Früchte
(z. B. Erdbeeren, Heidelbeeren,
Stachelbeeren, Melone)
200 g Zucker
200 ml Wasser

Bei roten Früchten optional
50 ml Erdbeerlimes

Zubereitung

1 Zunächst die Früchte säubern und, wenn nötig, schälen, dann klein schneiden. Zucker mit dem Wasser mischen, aufkochen. Die Früchte und – wenn gewünscht – den Erdbeerlimes dazugeben.

2 Alles kräftig pürieren, danach durch ein Haarsieb geben und die aufgefangene Flüssigkeit in einer Eismaschine ca. 30 Minuten rühren lassen. Ist keine Eismaschine vorhanden, in eine Schale geben und in einen Tiefkühler stellen. Das Sorbet alle 30 Minuten durchrühren, bis die gewünschte Konsistenz erreicht ist.

RUM-KAROTTENKÜCHLEIN MIT HONIG-ZIMT-EIS

Für 4 Personen | Zubereitungszeit: ca. 45 Minuten | Schwierigkeitsgrad:

Zutaten Küchlein

2 Eier
100 g Zucker
2 EL Vanillezucker
100 ml Öl
50 ml Rum
100 ml Sahne
150 g Mehl
1½ TL Backpulver
150 g Karotten

Zutaten Eis

6 Eigelb
100 g Honig
500 ml Sahne
½ TL Zimt
1 Vanilleschote

Zubereitung Küchlein

Die Karotten fein reiben. Dann alle Zutaten sehr gut mit einander vermengen und in kleine Muffinförmchen geben. 35 Minuten bei 180 Grad backen.

Zubereitung Eis

1 Das Mark der Vanilleschote herausstreichen und mit dem Eigelb und dem Honig sowie dem Zimt sehr schaumig schlagen, bis die Masse hell wird.
2 Sahne steif schlagen und unter die Zuckermischung heben. In Förmchen füllen und mindestens zwei bis drei Stunden im Eisfach auskühlen lassen.

RIOJA-SORBET UND EINGELEGTE PFIRSICHE

Für 4 Personen | Zubereitungszeit: ca. 50 Minuten | Schwierigkeitsgrad: ●●●

Zutaten Sorbet

150 g Zucker
200 ml Wasser
1 Stange Zimt
250 ml Rotwein
1 Orangenschale, gerieben
2 Eiweiß

Zutaten Pfirsiche

4 große feste Pfirsiche
750 ml Rotwein
3 EL Zucker
1 Stange Zimt
50 ml Brandy

Zubereitung Sorbet

1 Den Zucker zusammen mit dem Wasser und dem Zimt aufkochen, bis sich ein leichter Sirup entwickelt hat. Die Zimtstange entfernen und den Sirup kalt werden lassen.
2 Sirup mit dem Rotwein und dem Abrieb der Orangenschale vermischen. Das Eiweiß sehr steif schlagen und unter die Masse heben. In Förmchen füllen und ca. 3 Stunden in den Tiefkühler geben.

Zubereitung Pfirsiche

1 Die Pfirsiche schälen und in eine tiefe Auflaufform geben. Den Rotwein mit dem Zucker und dem Brandy vermengen, danach über die Pfirsiche geben.
2 Zimtstange ebenfalls hinzugeben. Alles im Backofen bei 180 Grad ca. 20 Minuten garen, bis die Pfirsiche weich sind. Auskühlen lassen und die Pfirsiche in einer Glasschale mit der Sauce anrichten.

BLAUBEEREIS MIT BEIGNETS MARDI GRAS

Für 4 Personen | Zubereitungszeit: ca. 40 Minuten | Schwierigkeitsgrad: ●●●

Zutaten Eis

500 g Blaubeeren
6 Eigelb
100 g Zucker
500 ml Sahne
2 Vanilleschoten

Zutaten Beignets

42 g frische Hefe (2 Klötzchen)
350 ml warmes Wasser
100 g Zucker
1 Teelöffel Salz
2 Eier (Gr. L)
250 ml Kondensmilch
1,75 kg Mehl
60 g Pflanzenfett (Margarine)

1 l Frittierfett
Puderzucker zur Deko

Zubereitung Eis

1 Das Mark der Vanilleschoten herausstreichen und mit dem Eigelb und dem Zucker sehr schaumig schlagen, bis die Masse hell wird.
2 Die Blaubeeren sehr fein pürieren und durch ein Sieb streichen.
3 Sahne steif schlagen und mit der Blaubeermasse unter die Zuckermischung heben. In Förmchen füllen und mindestens zwei bis drei Stunden im Eisfach auskühlen lassen.

Zubereitung Beignets

1 Hefe im warmen Wasser auflösen. Ein bisschen Zucker hinzufügen und auflösen. Zehn Minuten ruhen lassen.
2 Restlichen Zucker, Salz, Eier und Kondensmilch verrühren und mit der Hefe vermischen. Zwei Drittel des Mehls hinzufügen und sanft vermischen.
3 Das restliche Drittel Mehl mit dem Pflanzenfett verkneten. Dann den restlichen Teig hinzugeben. Diese Mischung über Nacht in einer abgedeckten Schale kalt stellen.
4 Teig ausrollen und in Rauten schneiden. Diese dann in das Frittierfett geben. Backen, bis sie goldbraun sind.
5 Beignets herausnehmen und auf Papiertüchern abtropfen lassen. Mit Puderzucker reichlich bestreuen.

HIMBEER-CHILI-EIS AUF MANGO-INGWER-PÜREE

Für 0,8 L Eis | Zubereitungszeit: ca. 20 Minuten | Gefrierzeit: ca. 3 Stunden
Schwierigkeitsgrad: ●○○

Zutaten Eis

500 g Himbeeren
200 g Crème Fraîche
100 g geschlagene Sahne
8 EL weißer Balsamico
10 g geriebener Ingwer
1 frische gehackte Chilischote
6 EL Zucker

Zutaten Püree

1 Mango
10 g Ingwer
4 EL Zucker

Zubereitung Eis

1 Die Himbeeren pürieren, die Sahne steif schlagen, mit den restlichen Zutaten vermengen und in eine Eismaschine geben.

2 Ca. 30–40 Minuten durchschlagen lassen. Sollte keine Eismaschine vorhanden sein, die Masse in Gläschen füllen und im Tiefkühler etwa 2 Stunden auskühlen lassen, bis die Masse fast steif gefroren ist.

Zubereitung Püree

1 Die Mango schälen, entkernen und klein schneiden. Den Zucker in einem kleinen Topf karamellisieren.

2 Danach die Mango und den zuvor klein geschnittenen Ingwer dazugeben. Das Ganze kurz köcheln lassen und fein pürieren.

AVOCADO-EIS MIT GEBACKENEM PFIRSICH

Für 4 Personen | Zubereitungszeit: ca. 60 Minuten | Schwierigkeitsgrad: ●●○

Zutaten Eis

125 g Zucker
250 ml Wasser
4 Avocados
6 Eigelb
½ TL Chili, gemahlen
1 EL roter Pfeffer
250 g Crème Fraîche
250 g Joghurt, 10 %

Zutaten Pfirsich

4 Pfirsiche
100 g Mandelblättchen
½ Zitrone
200 g Ricotta
4 EL Zucker
6 EL Honig

Zubereitung Eis

1 Zucker mit dem Wasser erhitzen, bis sich der Zucker komplett aufgelöst hat. Etwas einkochen lassen, danach herunterkühlen, am besten mit Eiswürfeln oder etwa 30 Minuten stehen lassen.
2 Die Eigelb weißschaumig schlagen, dann den Zuckersirup einlaufen lassen. So lange weiter schlagen, bis die Masse sehr dick wird wie bei Eischnee.
3 Avocados schälen, klein schneiden, mit etwas Wasser ankochen, danach fein pürieren. Das Avocadopüree mit einem Schneebesen vorsichtig unter die Ei-Zuckermasse heben.
4 Entweder in eine Eismaschine geben oder in Portionsgläschen füllen und in den Tiefkühler geben. Nach etwa drei Stunden ist das Eis fest.

Zubereitung Pfirsich

1 Die Mandelblättchen zunächst trocken rösten. Die Pfirsiche halbieren, entkernen, dann die Schnittflächen mit Honig einpinseln.
2 In einer beschichteten Pfanne auf der Schnittfläche braten. Zitrone abreiben, auspressen und mit dem Ricotta und dem Zucker vermengen.

Anrichten

Das Avocado-Eis in Gläschen füllen, die Ricottamasse in ein Schälchen geben, aber etwas davon aufheben. Den Pfirsich daraufsetzen, etwas von der Ricottamasse draufgeben und mit den Mandelblättchen garnieren.

BANANENKÜCHLEIN MIT MAISEIS

Für 4 Personen | Zubereitungszeit: ca. 30 Minuten | Schwierigkeitsgrad: ●●

Zutaten Küchlein

½ TL Salz
2 EL Zucker
½ TL Zimt
1 Banane, klein geschnitten
1 Ei
1 EL Backpulver
240 ml Milch
240 g Mehl
60 ml Öl

Zutaten Eis

500 g Mais aus der Dose
200 g Crème Fraîche
200 g geschlagene Sahne
1 EL weißer Balsamico
1 Prise Chili
100 g Zucker

Zubereitung

1 Backofen vorheizen. Mehl, Zucker, Backpulver und Salz in einer großen Schüssel mischen. Ei, Milch und Öl in einer separaten Schüssel verrühren und zügig unter die Mehlmischung heben. Danach die kleingeschnittene Banane unterheben.
2 Den Teig bis knapp unter den Rand in Förmchen oder ein Muffinblech füllen und die Muffins bei 180 Grad Umluft ca. 20–25 Minuten backen.

Zubereitung Eis

1 Den Mais sehr fein pürieren, dann durch ein Haarsieb streichen.
2 Sahne steif schlagen, mit den restlichen Zutaten vermengen und in eine Eismaschine geben. Ca. 30–40 Minuten durchschlagen lassen. Falls keine Eismaschine vorhanden ist, die Masse in Gläschen füllen und im Tiefkühler etwa 2 Stunden auskühlen lassen, bis die Masse fast steif gefroren ist.

SCHOKOLADEN-TRÜFFEL-KÜCHLEIN

Für 4 Personen | Zubereitungszeit: ca. 30 Minuten | Schwierigkeitsgrad:

Zutaten Törtchen
300 g Kuvertüre
150 g Butter
6 Eier
1 EL Vanillezucker
4 EL Zucker

Zutaten Glasur
200 g weiße Schokolade
60 ml Sahne
85 g Butter

300 g frisches Beerenobst

Zubereitung
1 Kuvertüre und Butter im Wasserbad schmelzen. Eier, Vanille und Zucker cremig schlagen, dann unter die Schokoladenmasse heben.
2 In Förmchen füllen und bei 180 Grad 12–15 Minuten backen, danach kalt stellen.
3 Die Sahne und die weiße Schokolade für die Glasur mit der Butter verschmelzen, danach die Küchlein reichlich bestreichen.
4 Beerenobst mit dem Küchlein dekorativ anrichten.

BUTTERMILCHWAFFELN

Für 4 Personen | Zubereitungszeit: ca. 50 Minuten | Schwierigkeitsgrad: ●●●

Zutaten

125 g Butter
250 g Mehl
3 Eier
21 g frische Hefe (1 Klötzchen)
2 Tassen Buttermilch

Zubereitung

1 Für aromatische Buttermilchwaffeln das Mehl in eine Schüssel geben, in die Mitte eine Mulde drücken und die Hefe hineinbröckeln.
2 Eine Tasse Buttermilch (zimmerwarm) in die Mulde geben und mit der Hefe verrühren.
3 Zugedeckt 15 Minuten gehen lassen. Eine weitere Tasse Buttermilch, eine Prise Salz, die flüssige Butter und die Eier unterrühren.
4 Aus je zwei EL Teig eine Waffel backen.

MIRKOS BUNTE MUFFINS

Für jeweils 12 bis 16 Muffins | Zubereitungszeit: ca. 30 Minuten | Schwierigkeitsgrad:

Zutaten Grundrezept

½ TL Salz
2 EL Zucker
1 Ei
1 EL Backpulver
240 ml Milch
240 g Mehl
60 ml Öl

Zutaten Varianten

Orangenmuffin
*Abweichend vom Grundrezept wird die Milchmenge auf 180 ml reduziert und mit 60 ml Orangensaft aufgefüllt.
1 EL abgeriebene Orangenschale*

Heidelbeermuffin
60 g frische Heidelbeeren oder gefrorene Früchte

Apfel- oder Birnenmuffin
1 klein geschnittene Birne oder 1 klein geschnittener Apfel von ca. 100 g

Schokoladenmuffin
6 EL geriebene Edelbitterschokolade oder 6 EL Schokoflocken

Feigen- oder Aprikosenmuffin
4 Feigen oder Aprikosen oder softes Trockenobst

Zubereitung

1 Backofen vorheizen. Mehl, Zucker, Backpulver und Salz in einer großen Schüssel mischen.

2 Ei, Milch und Öl in einer separaten Schüssel verrühren und zügig unter die Mehlmischung heben. Dann je nach Variante die Zusätze unterheben.

3 Den Teig bis knapp unter den Rand in Förmchen oder ein Muffinblech füllen und die Muffins bei 180 Grad Umluft ca. 20–25 Minuten backen.

KIRSCHEN-PFIRSICH-TARTE

Für 1 Kuchenform 28 cm / halbes Blech | Zubereitungszeit: ca. 45 Minuten
Schwierigkeitsgrad: ● ●

Zutaten

250 g Mehl,
1 Prise Salz
150 g Butter
100 g Zucker
1 Eigelb
Butter für die Form

Zutaten Belag

650 g frische Pfirsiche
200 g Kirschen
100 g Puderzucker

Zubereitung

1 Mehl, Salz, Zucker und Eigelb locker miteinander vermengen. Butter etwas weich werden lassen, dann klein schneiden und unterheben.

2 Das Gemisch zwischen den Händen reiben, so dass kleine Brösel entstehen. Diese in eine gebutterte Auflaufform geben und leicht andrücken.

3 Die Pfirsiche halbieren und entkernen, dann in dünne Scheiben schneiden und auf dem Boden rundherum gleichmäßig, aber dennoch großzügig verteilen.

4 Die Kirschen entkernen und mittig auf den Boden geben. Das Obst leicht andrücken und mit dem Puderzucker gleichmäßig bestreuen.

5 Im vorgeheizten Backofen bei 180 Grad etwa 30 Minuten backen.

Tipp: Anstelle von Pfirsichen und Kirschen kann auch jedes andere Steinobst verwendet werden.

FRÜHLINGSSTOLLEN AUS DEM GLAS

Für 4 Personen | Zubereitungszeit: ca. 90 Minuten | Schwierigkeitsgrad: ●●●

Zutaten Teig

80 g lauwarme Milch
21 g frische Hefe (1 Klötzchen)
10 g Zucker
1 Eigelb
Prise Salz
½ TL Zimt
½ TL Kardamom
½ TL Sternanis
etwas Abrieb von Muskat
80 g Marzipanrohmasse
200 g Mehl
70 g Butter
100 g getrocknete Feigen
50 g Pistazien
6 EL Obstbrand

Zutaten Quarkfüllung

2 EL Stärke
2 Eier
180 g Magerquark
60 ml Sahne
Abrieb einer ½ Zitronenschale

50 g Butter
50 g Puderzucker
6–8 kleine Weckgläser

Zubereitung

1 Einen Tag zuvor werden die Feigen klein geschnitten und im Obstbrand eingelegt. Für die Quarkfüllung werden alle Zutaten miteinander verrührt.

2 Die Hefe mit der lauwarmen Milch, dem Zucker und ca. 50 g des Mehls sehr gut vermengen. 20 Minuten gehen lassen.

3 In der Zwischenzeit werden alle anderen Zutaten für den Teig sehr gut vermengt, dann die Hefemischung unterheben und nochmals sehr gut vermengen, so dass der Teig schön geschmeidig ist.

4 Den Teig auf eine gemehlte Arbeitsfläche legen und ausrollen, der Teig sollte eine Stärke von 5 cm haben. Die Quarkmasse daraufstreichen, gleichmäßig verteilen und einrollen. In 5 cm breite Scheiben schneiden und die Quarkschneckchen in ein feuerfestes Glas füllen.

5 Bei 180 Grad Umluft ca. 35 Minuten backen. Danach mit etwas Butter bestreichen und mit reichlich Puderzucker bestäuben.

GEBACKENER BRATAPFEL-SCHMANDKUCHEN

Für 4 Personen | Zubereitungszeit: ca. 45 Minuten | Schwierigkeitsgrad: ●●

Zutaten Mürbeteig

250 g Mehl
1 Prise Salz
150 g Butter
100 g Zucker
1 Eigelb

Zutaten Füllung

300 g Äpfel
4 EL Haselnusskrokant
2–3 TL Zimt
300 g Schmand
6 Eier
60 g Vanillezucker

Zubereitung Teig

Aus allen Zutaten von Hand oder mit der Küchenmaschine einen lockeren Teig kneten. Diesen anschließend in eine gebutterte Form (ø 26 cm) bröseln und nur leicht andrücken.

Zubereitung Füllung

1 Backofen auf 200 Grad vorheizen. Die Eier mit dem Vanillezucker schaumig schlagen und den Schmand unterheben. Die Äpfel schälen, säubern und in kleine Stücke schneiden.

2 Die Masse auf den Mürbeteig geben und glattstreichen. Mit dem Krokant und dem Zimt nach Belieben und Geschmack bestreuen.

3 Bei 180 Grad Umluft oder 200 Grad Ober- Unterhitze ca. 30–40 Minuten backen. Danach abkühlen lassen.

KLASSISCHER APFELSTRUDEL

Für 1 Strudel | Zubereitungszeit: ca. 60 Minuten | Schwierigkeitsgrad: ●●●

Zutaten Teig

300 g Mehl
½ TL Salz
2 EL Olivenöl
125 ml lauwarmes Wasser

Zutaten Füllung

1 kg Äpfel
1 EL Zitronensaft
50 g Rosinen
1 EL Zimt
Muskatnuss
2 EL Butter

sowie
50 g Butter
100 g Puderzucker

Zubereitung

1 Mehl und Salz mischen, dann Öl und Wasser hinzugeben. Teig gut verkneten und 30 Minuten ruhen lassen.
2 Äpfel schälen, entkernen und klein schneiden. Mit der Butter und den restlichen Zutaten leicht anschwitzen.
3 Den Teig auf einem gemehlten Küchentuch sehr dünn ausrollen, die Apfelmasse darauf verteilen und den Strudel mit Hilfe des Küchentuches einrollen. Die Ränder leicht andrücken.
4 Mit flüssiger Butter bestreichen, dann im Backofen bei 180 Grad ca. 30–40 Minuten backen, bis der Strudel oben knusprig ist.
5 Mit Puderzucker bestreuen.

AUSTRALISCHE LAMINGTONS

Für 1 Blech | Zubereitungszeit: ca. 40 Minuten | Schwierigkeitsgrad: ● ●

Zutaten Kuchen
3 Eier
120 g Zucker
125 g Mehl
1 TL Stärke
1 TL Butter
3 TL kochendes Wasser

Zutaten Sauce
240 g Puderzucker
4 TL Kakao
240 ml kochendes Wasser
2 TL Butter
1 Vanilleschote
200 g Kokosraspeln

Zubereitung
1 Den Ofen auf 180 Grad vorheizen. Eiweiß steif schlagen, anschließend den Zucker nach und nach hinzugeben.
2 Eigelb, Mehl und Stärke unterheben. Butter im Waser auflösen und ebenfalls in die Eiweiß-Zucker-Masse geben.
3 Auf ein Backblech, das zuvor mit Backpapier ausgelegt wurde, gleichmäßig verteilen und etwa 25 Minuten backen.

Zubereitung Sauce
1 Für die Sauce alle Zutaten bis auf die Kokosflocken sehr gut vermischen.
2 Sobald der Kuchen gebacken ist, auskühlen lassen und in ca. 3 cm große Würfel schneiden.
3 Die Würfel kurz in die Sauce tauchen, danach in den Kokosflocken wälzen.

Fotonachweis:
Bernhard Kölsch: S 4, 18, 23, 50, 55, 57, 60, 69, 73, 74, 77, 84, 87, 95, 98, 103, 108, 111, 121, 122, 125, 128, 131, 133, 135, 137, 139, 140, 153, 154, 157
Angela Kropp: S 38, 88, 148
Michael Meißen: S 143
iStock: S 13, 14, 20, 35, 37, 41, 42, 45, 46, 49, 52, 59, 63, 71, 78, 81, 83, 91, 93, 97, 101, 107, 113, 115, 117, 147, 151, 159
Fotolia: S 29, 30, 64, 105, 127, 145
Shutterstock: S 6, 17, 26

Umschlag:
Klappe vorn und U4 Angela Kropp
Klappe hinten Shutterstock